Doris Muliar

Frühlingsgerichte
aus dem Thermomix®

Doris Muliar

Frühlingsgerichte
aus dem Thermomix®

120 frische Rezeptideen von Spargelrisotto bis Rhabarberkuchen

Bibliografische Information der Deutschen Nationalbibliothek:
Die Deutsche Nationalbibliothek verzeichnet diese Publikation in der Deutschen Nationalbibliografie.
Detaillierte bibliografische Daten sind im Internet über http://d-nb.de abrufbar.

Für Fragen und Anregungen:
info@rivaverlag.de

Wichtiger Hinweis:
Sämtliche Inhalte dieses Buches wurden – auf Basis von Quellen, die die Autorin und der Verlag für vertrauens-
würdig erachten – nach bestem Wissen und Gewissen recherchiert und sorgfältig geprüft. Alle Rezepte in diesem Buch wurden für den Thermomix® TM5 entwickelt und mit diesem getestet. Bitte beachten Sie: Der Mixtopf des Thermomix® TM5 ist größer als der des TM31 (Kapazität von 2,2 Litern anstatt 2,0 Liter beim TM 31).
Daher dürfen aus Sicherheitsgründen die Rezepte aus diesem Buch nur dann mit dem TM31 nachgekocht
werden, wenn die Mengen angepasst wurden. Achten Sie auf die Füllstandsmarkierungen und überschreiten
Sie die maximale Füllmenge nicht. Der Verlag und die Autorin haften für keine nachteiligen Auswirkungen, die
in einem direkten oder indirekten Zusammenhang mit den Informationen stehen, die in diesem Buch enthalten sind. Thermomix® ist ein eingetragenes Warenzeichen der Vorwerk & Co. KG. Diese Publikation ist kein of-
fizielles Lizenzprodukt der Vorwerk & Co. KG.

Originalausgabe
1. Auflage 2018
© 2018 by riva Verlag, ein Imprint der Münchner Verlagsgruppe GmbH
Nymphenburger Straße 86
D-80636 München
Tel.: 089 651285-0
Fax: 089 652096

Redaktion: Caroline Kazianka
Umschlaggestaltung: Laura Osswald
Umschlagabbildungen: Vorderseite: Shutterstock/Maram; Shutterstock/Irina Goleva; Shutterstock/Anna_
Pustynnikova; Shutterstock/Atwood; Shutterstock/BBA Photography; Shutterstock/fotoearl; Shutterstock/
MaraZe; Shutterstock/iskraphoto; Shutterstock/Anna Shepulova; Shutterstock; Rückseite: Shutterstock/
Maram; Shutterstock/Monning27; Shutterstock/Natasha Breen; Shutterstock/drebha; Shutterstock/Foxys
Forest Manufacture; Shutterstock/Timolina; Shutterstock/MaraZe
Satz: inpunkt[w]o, Haiger (www.inpunktwo.de)
Druck: Florjancic Tisk d.o.o., Slowenien
Printed in the EU

ISBN Print 978-3-7423-0332-5
ISBN E-Book (PDF) 978-3-95971-829-5
ISBN E-Book (EPUB, Mobi) 978-3-95971-828-8

Weitere Informationen zum Verlag finden Sie unter

www.rivaverlag.de

Beachten Sie auch unsere weiteren Verlage unter www.m-vg.de

Inhaltsverzeichnis

Vorwort

Die Tage werden wieder länger, die Temperaturen milder, im Wald riecht es nach Knoblauch – da heißt es für die Küche: Jetzt zieht der Frühling ein! Er bringt frische Kräuter, Bärlauch schon im März, jungen Spinat, Spargel und Erdbeeren ab April. Salat, Mangold und Kohlrabi kommen im Mai dazu. Im Juni werden dann schon die ersten Vorboten des Sommers geerntet: Kirschen, Erbsen und Blumenkohl.

Alles enthält jetzt besonders viele Vitalstoffe, die uns wieder fit machen, den Organismus aus dem trägen Wintermodus holen und Frühjahrsmüdigkeit gar nicht erst aufkommen lassen. Der Körper braucht nun viel Licht und Bewegung. Vor allem aber leichte Gerichte mit viel frischem Grün, um neue Energie zu tanken und, vielleicht auch, um ein wenig Winterspeck loszuwerden.

Dafür haben wir viele Rezepte ausprobiert mit allem, was im Frühling schon auf heimischen Feldern wächst und geerntet wird. Wir haben an das Osterbuffet gedacht, mit Liebe gebacken und viele grüne Suppen gelöffelt. Salate mit Spargel und Babyspinat kommen jetzt auf die Teller und junges Gemüse in den Thermomix® – manchmal auch in Begleitung von Geflügel oder Fisch. Anregungen für ein kleines Frühlings-Detox-Programm finden Sie am Ende des Buches. Italien ist auch im Frühjahr schön, haben wir uns gedacht und ein Dutzend Primavera-Rezepte – Frühling auf Italienisch – entworfen. Und für die Süße sorgt das Vorzeigepaar Rhabarber und Erdbeeren.

Wir wünschen Ihnen viel Spaß beim Nachkochen und heitere Frühlingstage!

Zehn Punkte für Ihre Sicherheit

Wahrscheinlich sind Sie bestens vertraut im Umgang mit dem Thermomix® und haben ihn schon längst in Ihren Kochalltag integriert. Wenn Sie Ihren Thermomix® aber längere Zeit nicht verwendet haben: Lesen Sie sich bitte noch einmal die Gebrauchsanleitung gut durch. Zur Sicherheit haben wir die wichtigsten Bedienungs- und Sicherheitsfragen für den TM5 kurz zusammengefasst.

1. Wenn Sie zerkleinern oder pürieren: Setzen Sie immer den Messbecher ein. Beim Zerkleinern von Nüssen, Gemüse oder anderen harten Lebensmitteln könnten sonst Teile herausgeschleudert werden. Beim Pürieren von heißen Suppen besteht Verbrennungsgefahr durch Spritzer! Verwenden Sie auch den Spritzschutz, wenn Sie vier oder mehr Portionen Suppe kochen – da kann es ebenfalls spritzen.
2. Bei heißem Mixtopf-Inhalt (über 60 °C) nicht sofort im Turbo-Modus pürieren und die Drehzahl nur langsam ansteigend erhöhen.
3. Beachten Sie die maximale Füllstandsmarkierung im Mixtopf. Er ist für 2,2 Liter ausgelegt.
4. Der Mixtopfdeckel entriegelt automatisch nach Ende der eingestellten Garzeit. Versuchen Sie nicht, ihn gewaltsam zu öffnen.
5. Beim Dampfgaren mit dem Varoma darf der Messbecher nicht eingesetzt werden – es kann sonst kein Dampf entweichen.

6. Bei Verwendung des Varoma muss der Dampf zirkulieren können. Lassen Sie daher immer einige Schlitze im Boden frei. Geben Sie genügend Wasser für die Dampfentwicklung in den Mixtopf. Setzen Sie stets den Varoma-Deckel auf und achten Sie darauf, beim Öffnen nicht mit dem heißen Dampf in Berührung zu kommen.

7. Der Rühraufsatz (Schmetterling) zum Schlagen von Eischnee oder Sahne darf nur bis höchstens Stufe 4 verwendet werden. Der Spatel darf bei Benutzung des Schmetterlings nicht eingeführt werden.

8. Bitte niemals ein anderes Rührwerkzeug als den Spatel in die Deckelöffnung einführen. Der Spatel ist mit seinem »Kragen« so konstruiert, dass er nicht mit den Messern in Berührung kommen kann.

9. Wenn Sie den Mixtopf zum Reinigen auseinandernehmen, gehen Sie äußerst vorsichtig mit dem Mixmesser um – die Messer sind höllisch scharf, es besteht Verletzungsgefahr.

10. Wenn Ihr Thermomix® keinen festen Platz in Ihrer Küche hat, stellen Sie ihn immer auf eine rutschfeste, ebene Arbeitsfläche. Beim Zerkleinern oder beim Rühren von Teigen könnte der Thermomix® durch Unwucht in Bewegung geraten. Bleiben Sie bei diesen Arbeitsschritten neben dem Gerät.

Zum Umgang mit diesem Buch

Bei jedem Rezept finden Sie ausführliche Nährwertangaben, die nach dem Bundeslebensmittelschlüssel berechnet sind. Kcal steht hierbei für Kilokalorien, E für Eiweiß, F für Fett und KH für Kohlenhydrate.

Außerdem sind die Rezepte verschiedenen Kategorien zugeordnet, damit Sie immer sofort sehen, welches Gericht mit Fisch, mit Fleisch, vegetarisch oder vegan ist und welches sich zum Abnehmen oder Detoxen eignet.

 Fettarm

 Kalorienarm

 Low Carb

 Mit Fisch

 Mit Fleisch

 Vegan

 Vegetarisch

 Detox

- Alle Rezepte sind für den TM5 konzipiert.
- Die Mengenangaben für das Gemüse beziehen sich auf unvorbereitete Ware.
- Mit Zwiebel meinen wir eine mittelgroße Zwiebel. Sonst ist angegeben: große oder kleine Zwiebel.
- 1 EL Öl schlägt bei den Nährwertberechnungen mit 15 g zu Buche.
- Milch und Joghurt verwenden wir immer mit 3,5 % Fett.
- Wir wählen stets Frischkäse mit 20 % Fett, obwohl auch Varianten mit weniger Fett angeboten werden.

Warenkunde

Bärlauch

Vielleicht schon Anfang März, aber auf jeden Fall bald
wird der Boden in vielen unserer Laubwälder von Bärlauch bedeckt sein, der nur darauf wartet, gepflückt zu

werden. März und April sind die besten Monate für den »Knoblauch des Wal-
des«. Jedoch ist Vorsicht geboten, sieht er doch den giftigen Maiglöckchenblät-
tern sehr ähnlich. Das unverwechselbare Unterscheidungsmerkmal ist natürlich
der Geruch. Auch in der Blütezeit sind die beiden leicht zu erkennen. Während
Bärlauchblätter weich und mattgrün sind, glänzen die der Maiglöckchen dun-
kelgrün und fest. Zudem sprießen die Blätter des Bärlauchs einzeln aus dem
Waldboden, die der Maiglöckchen wachsen paarweise direkt am Stängel.
Das typische Frühlingskraut ist vor allem in den südlichen Wäldern der Republik
und Österreich zu finden. Achtung: In Hamburg, Brandenburg und Schleswig-
Holstein steht er auf der Roten Liste!

Blumenkohl

Aus heimischem Anbau wird frisch geernteter Blumenkohl erst gegen Ende des Frühjahrs angeboten. Der wurde bereits im Herbst oder Winter im
Gewächshaus ausgesät und Anfang des Frühjahrs je
nach Witterung ausgepflanzt. Französischer Blumenkohl
kommt hauptsächlich aus der Bretagne und ist klimabe-

dingt früher dran: Ab April/Mai gibt es ihn auf unseren Märkten – allerdings recht hochpreisig.

Blumenkohl enthält viele Ballaststoffe, was gut für die Verdauung ist und dadurch entgiftend wirkt. Außerdem enthalten die hübschen Köpfe viele sekundäre Pflanzenstoffe, die entzündungshemmend wirken. Dazu kommt noch eine Mineralstoffladung, bestehend aus Kalium, Natrium, Kalzium und Magnesium – das neutralisiert ein Zuviel an Säuren im Organismus.

Beim Einkauf darauf achten, dass noch reichlich grüne Blätter rundherum sind: Sie schützen die empfindlichen Röschen und sollten grün und knackig sein – sonst ist der Blumenkohl nicht mehr frisch.

Bohnen

Grüne Bohnen, auch Gartenbohnen, Stangenbohnen oder Fisolen genannt, kommen ab Mai/Juni superknackig auf den Markt. Kochen Sie die Bohnen aber immer gut durch, damit das enthaltene Phasin unschädlich gemacht wird. Keinesfalls roh essen – sonst drohen Magen- und Darm-Verstimmungen! Davon abgesehen ist das Gemüse reich an pflanzlichen Proteinen, Kalium, Kalzium und Magnesium. Für Vegetarier und Veganer ist auch der Eiweißgehalt von Bedeutung.

Feinschmecker freuen sich im späten Frühjahr über die Dicken Bohnen, Sau-, Acker- oder Pferdebohnen. Trotz des Namens und Aussehens sind sie botanisch gesehen keine Bohnen, sondern ein Wickengewächs. Die Saison für Dicke Bohnen ist nur kurz. Deshalb wenn möglich ran an die dicken Schoten, in denen zarte, hellgrüne Kerne aufgereiht sind. Die Arbeit des Auspalens wird reich belohnt: Nussig und leicht süßlich im Geschmack, knackig im Mund können sie zu Salaten, Suppen, Pürees und Beilagen verarbeitet werden.

Erbsen

Im Juni und Juli sind die zarten Markerbsen in ihren
Schoten auf dem Markt zu finden. Das Auspalen macht
zwar viel Arbeit, lohnt sich aber, denn frisch gepalte Erb-
sen schmecken unwiderstehlich gut! Von 500 Gramm
Schoten können Sie etwa 200 Gramm Erbsen »ernten«
– wenn Sie nicht schon eine Menge weggenascht haben.
Frische Erbsen enthalten viel pflanzliches Eiweiß sowie Folsäure und Niacin. Für
Vegetarier und Veganer sind sie eine unverzichtbare Eiweißquelle.

Erdbeeren

Die Urahnen der roten Früchte waren schon in der Steinzeit
bekannt. In Wirklichkeit sind Erdbeeren gar keine Beeren,
sondern sogenannte Scheinfrüchte. Die eigentlichen Beeren, »Nüsschen« genannt, sind die kleinen gelben Körn-
chen an der Oberfläche. Erdbeeren sollten am besten
ganz frisch verwendet werden: Unternehmen
Sie doch mal einen Ausflug zu einem der zahl-
reichen Felder zum Selbstpflücken. Das macht
vor allem Kindern großen Spaß.
Frische Erdbeeren sind immer ein leckerer Snack und lassen sich vielseitig verarbeiten. Sie enthalten mehr Vitamin C als Zitronen oder Orangen. Ihre Saison
beginnt – je nach Wetter – schon im April und geht – je nach Sorte – bis Ende
September.
Richtig reif (vor allem wichtig bei der Verarbeitung zu Marmeladen) sind Erdbeeren,
wenn unter dem Fruchtstiel kein gelblicher oder weißer Rand mehr zu sehen ist.

Frühlingszwiebeln

Nun ja, eigentlich heißen sie ja Lauchzwiebeln. Es handelt sich um »zu früh«
geerntete Speisezwiebeln, die es ganzjährig gibt. Aber weil das hier ein Frühlings-
kochbuch ist, haben wir sie in unseren Rezepten – wie auch im Handel üblich –
immer Frühlingszwiebeln genannt.

Obwohl sie fast wie kleine Lauchstangen aussehen, sind sie doch leicht vom jungen Lauch
zu unterscheiden: Lauch hat glatte, flache Blätter, die Frühlingszwiebeln schmale, röhrenförmige.
Am besten schmecken die dünnen Stängel tatsächlich im Frühjahr, wenn
die ersten Exemplare zart und sehr mild aus dem Freiland kommen. Beim
Einkauf darauf achten, dass das Zwiebelgrün dunkel und knackig ist und dass
noch Wurzelansätze dran sind. Oft werden die dunkelgrünen Teile einfach ent-
sorgt. Schade drum! Fein in Ringe geschnitten kann man es wie Schnittlauch verwenden.

Gurken

Wenn die ersten Gurken aus dem Frühbeet auf
dem Markt angeboten werden, schmecken sie
unvergleichlich viel besser als ihre in Plastik ein-
geschweißten Schwestern aus den Gewächs-
häusern, die es das ganze Jahr über gibt.

Am gebräuchlichsten sind die Salatgurken (auch
Schlangengurken), die etwa 500 Gramm wiegen und eine dünne Schale haben.
Diese werden mittlerweile auch als Winzlinge unter der Bezeichnung »Snack-
gurken« verkauft. Die kleineren Garten- oder Schälgurken von etwa 15 Zenti-
meter Länge haben eine dickere, oft noppige Schale, ihr Fruchtfleisch ist fester
und sie schmecken intensiver.
Achtung, Kältealarm: Im Kühlschrank fühlen sich Gurken nicht besonders wohl
und werden schnell matschig.

Kartoffeln

Je nach Region und Wetter werden schon ab Mitte Mai die ersten Frühkartoffeln
bei uns geerntet und auf Märkten und in Hofläden verkauft. Davor angebotene
Frühkartoffeln stammen meist aus Zy-
pern, Ägypten oder Nordafrika. Am besten schmecken die jungen Knollen
mit Schale, die einen leicht nus-

sigen Geschmack hat. Vor dem Kochen einfach unter fließendem Wasser gut ab-
bürsten und dann mit wenig Wasser und einer Prise Salz zugedeckt sanft garen.
Von den normalen Speisekartoffeln unterscheiden sich die frühen Exemplare
durch dünnere Schalen, kürzere Haltbarkeit und einen geringeren Stärkegehalt.

Kirschen

Frische Kirschen, die oft schon im Mai reif sind, mögen keine
langen Lagerzeiten. Zwei bis drei Tage in einer Papiertüte
im Gemüsefach des Kühlschranks sind das Äußerste.
Übrigens macht Wassertrinken beim Kirschengenuss kein
Bauchweh. Das kommt – wenn überhaupt – nur davon, dass
man zu viele frische Kirschen gegessen hat, die dann leicht blähend
und abführend wirken können.
Kirschkerne wegwerfen? Eigentlich schade drum: gut säubern, trocknen lassen
und in einen kleinen Baumwoll-Kissenbezug füllen. Fertig ist das Kirschkernkis-
sen für den nächsten Winter!

Knoblauch

Die Knollen gibt es natürlich das ganze Jahr über. Aber nur
im Frühling kommen aus Spanien, Griechenland oder Italien
ganz junge, noch weiche Knollen zu uns. Die sind milder im
Geschmack, haben ein frischeres Aroma, können aber genauso verwendet werden wie »normaler« getrockneter Knoblauch.
Man kann sie aber auch zum Beispiel einfach im Ofen backen und dann mitsamt
der Schale leicht zerdrücken und mit dunklem Brot oder als Beilage zu Gebratenem essen.

Kohlrabi

Er wird zwar das ganze Jahr über angeboten, im Frühjahr aber sind die ersten
Knollen aus regionaler Ernte besonders saftig und zart mit einem unvergleichli-
chen süßlichen Aroma. Am besten öfter mal roh naschen und von den vielen

gesunden Inhaltsstoffen profitieren. Frühlings-Kohlrabi
hat keine holzigen Stellen, was das Schälen erleichtert.
Verwenden sollte man auch die zarten Blätter: Fein gehackt würzen sie Salate und Suppen, können aber
auch zusammen mit Spinat zubereitet oder in einen Smoothie gemischt werden. Die Blätter enthalten noch mehr Mineralstoffe wie Kalium, Kalzium und
Magnesium als die Knolle.

Kräuter

Die Eisheiligen sind gerade vorbei, und am Markt gibt es
Kräutertöpfe in Hülle und Fülle. Dafür ist auch auf der
schmalsten Fensterbank Platz und Sie können jeder-
zeit frisch ernten und Ihre Salate, Omeletts, Suppen
oder Quarkaufstriche damit bestreuen.

Besonders robust sind mediterrane Sorten wie Oregano, Rosmarin, Salbei oder
Thymian. Sie brauchen nur viel Sonne und nehmen es nicht übel, wenn sie mal
nicht gegossen werden.

Besonders Kerbel gilt als der Frühlingsbote unter den Kräutern. Seine zartgrü-
nen, aromatischen Blätter erinnern im Geschmack an Petersilie mit einer feinen
zusätzlichen Anis-Note. Seine entwässernde Wirkung kommt gern bei Frühjahrs-
kuren zum Einsatz. Kerbel ist unverzichtbarer Bestandteil in der Frankfurter
Grünen Sauce und in der französischen Kräutermischung Fines Herbes.

Lauch

Über 30 Lauchsorten werden bei uns angebaut. Von dem
im Herbst oder Winter gepflanzten Lauch wird bis ins
Frühjahr hinein geerntet. Gleichzeitig wird dann schon
der Sommerlauch in die Frühbeete gebracht. So ist das
heimische Gemüse praktisch das ganze Jahr über verfüg-
bar.

Mangold

Die würzigen Stauden, die meist wie Spinat zubereitet werden, gibt es – ganz modisch – nicht mehr nur in Grün. Die Stängel können rot oder gelb sein, die Blätter manchmal violett. Immer aber hat Mangold einen feinen würzigen Geschmack und enthält viele Mineralstoffe, die ihn für eine Frühlings-Entgiftungskur zum idealen Begleiter machen. Die Haupterntezeit liegt zwar zwischen Juni und August – frische, junge Pflanzen werden aber auch schon im Frühjahr geerntet.

Möhren

Die jungen Bundmöhren, die fast immer mit Kraut angeboten werden, sind die süßesten unter den Knabbergemüsen und stehen ab Mai zur Verfügung.
Auf der Rangliste der beliebtesten Gemüse liegt die Möhre gleich hinter den Tomaten auf dem zweiten Platz. Geerntet werden Möhren fast das ganze Jahr über: Im Frühjahr erfreuen die zarten, schlanken jungen Möhren mit ihrem würzigen Grün. Im Sommer kommen dann die dickeren, sogenannten Waschmöhren, und die winterliche, intensivere Variante gibt es ab Oktober, sie wird auch eingelagert.
In ein leicht angefeuchtetes Tuch gewickelt (dann aber das Möhrengrün vorher abschneiden) können Möhren im Gemüsefach des Kühlschranks bis zu zehn Tage aufbewahrt werden. Aber bloß nicht in der Nähe von reifen Tomaten oder Äpfeln, denn deren Äthylen macht sie bitter.
Das Grün der jungen Möhren wäre zu schade zum Wegwerfen. Denn dort sind besonders viele Nährstoffe und Vitamine enthalten. Einfach klein hacken und wie Petersilie über ein Gericht streuen. Bei älteren Möhren schmeckt das üppige Laub dagegen schon bitter und kann allergische Reaktionen auslösen.

Radieschen

Rund, scharf und gesund. Die knackig frischen Radieschen sollten ab Mitte Juni – da gibt's die ersten Freiland-Ernten – so oft wie möglich auf den Tisch. Die kleinen Brüder des Rettichs enthalten scharfe Senföle, die Magen und Darm in Ordnung halten. Mit nur 14 kcal/100 g sind sie zudem echte Schlankmacher. Die Blätter der jungen Radieschen sollten Sie unbedingt auch verwenden, denn sie sind vitaminreich und können wie Kräuter oder als Ergänzung im Salat zum Einsatz kommen.

Rhabarber

Im Rhabarber ist alles, was gesund, schlank und schön macht. Das gilt besonders für die ganz jungen Stangen. Sie stecken voller Stoffe, die Blut und Darm reinigen, haben besonders wenig Kalorien, und der Vitamin-B-Komplex stärkt Haut und Haare. Zum Sommer hin enthält Rhabarber immer mehr Oxalsäure, was für Nieren- und Gichtkranke problematisch ist. Die Oxalsäure ist auch verantwortlich dafür, dass wir einen pelzigen Belag an den Zähnen spüren. Nicht gleich wegputzen! Das kann den Zahnschmelz angreifen.

Ein genaues Datum für den regionalen Erntebeginn gibt es nicht: Wenn die säuerlichen Stangen schön glatt sind – dann geht es los. Wie beim Spargel endet die Erntezeit mit dem Johannistag.

Es gibt verschiedene Rhabarbersorten: Wer es eher säuerlich mag, sollte grüne Sorten wählen. Durch und durch rote Stangen garantieren ein feines, süßliches Aroma. Besonders geeignet für alle Kuchen ist der Himbeerrhabarber, auch Erdbeer- oder Rosenrhabarber genannt, der aus den Niederlanden kommt und dort »Frambozen rood« genannt wird.

Salate

Mit knackigen, frischen Salaten ist der Frühling richtig auf den Tellern angekommen! Feldsalat und Chicorée, die Wintersorten, haben ausgedient, nun zieren die ersten Blätter Eichblatt, Kopfsalat und Endivien die Salatschüsseln.

Rucola

Rucola heißt bei uns ja eigentlich Rauke, aber weil wir Pizza und Co. so lieben, sagen wir's auch gern auf Italienisch. Aromatisch, immer zu bekommen – aber im Frühjahr, ab Anfang Mai etwa, besonders zart und noch nicht sehr scharf. Langes Garen mag Rucola nicht, deshalb wird er immer erst kurz vor dem Servieren zugefügt. Übrigens: Die im Rucola enthaltenen Bitterstoffe sind hervorragende Fatburner.

Pflücksalat

Zu den Pflücksalaten zählen alle Sorten, die keinen Kopf, sondern lose Blattrosetten bilden, die hellgrün bis rötlich und gezackt, gewellt oder glatt sind. Das sind zum Beispiel Eichenlaubsalat, Lollo Rosso oder Lollo Biondo. Es werden immer nur von unten her die äußeren, reifen Blätter gepflückt – daher der Name.
Erntezeit ist Anfang Mai bis September, je nachdem, wann ausgesät wurde und wie das Wetter ist.

Sauerampfer

An alle Gartenbesitzer: Nein, Sauerampfer ist KEIN Unkraut. Bei unseren französischen Nachbarn ist er eine geliebte Zutat in der Frühlingsküche. Dort und allmählich auch bei uns wird die Pflanze gezüchtet und frisch auf den Märkten angeboten.

Das Grünzeug steckt voller Vitamin C (117 mg pro 100 g), so viel wie in Zitronen, und gilt als äußerst wirksam zur Entwässerung und Blutreinigung. Dazu kann man es (sparsam) Smoothies beigeben. Vorsicht bei Gicht und Nierenerkrankungen: Der hohe Oxalsäuregehalt könnte problematisch sein. Auch Kleinkinder sollten noch keinen Sauerampfer essen.

Spargel

Der erste Spargel ist da! Während der Beginn der Spargelsaison je nach Wetter unterschiedlich ausfällt, steht das Ende fest: der Johannistag. Das ist deshalb so genau bestimmt, damit die Stauden genügend Zeit haben, Kraft für das nächste Jahr zu sammeln. Weißer Spargel wächst lichtlos von Erde bedeckt, grüner Spargel steht voll in der Sonne und bildet daher mehr Vitamin C, E und Betacarotin aus. Frischetest: Beim Aneinanderreiben der Stangen muss es quietschen.

Egal ob grün oder weiß: Die Schlankstangen machen im Risotto immer »bella figura«.

Spinat

Der junge Frühlingsspinat, dessen Saison schon im April beginnt, wird auch gern Babyspinat genannt. Er hat superzarte Blätter und muss kaum geputzt werden. Sie können ihn auch gut roh essen – im Salat oder püriert im Smoothie. Die empfindlichen Blätter mögen die Salatschleuder gar nicht – lieber werden sie behutsam mit einem Küchentuch trocken getupft. Bei der Zubereitung als Blattspinat Vorsicht: Junger Spinat verkocht sehr schnell.

Zuckerschoten

Zuckerschoten kommen Ende Mai/Anfang Juni schon aus heimischem Anbau. Ab da können sie bis in den September hinein geerntet werden. Sie gelten als die feinsten Erbsensorten, sind besonders zart und können auch mit den Schoten gegessen werden. Man kann sie roh knabbern und zum Salat geben, ihre volle Süße entfalten sie aber erst beim Garen. Vom süßlichen Geschmack haben sie auch ihren Namen.

Manchmal heißen sie Kaiserschoten – wahrscheinlich weil sie immer schon als edles Gemüse galten und auch heute nicht ganz billig sind. Die – besonders in den Schoten – enthaltenen Ballaststoffe regen die Verdauung an und sollen entgiftend wirken.

Brunch – nicht nur zu Ostern

Den Ostersonntag, aber auch jeden anderen Sonntag mit einem reichhaltigen Brunch-Buffet zu begehen, ist eine feine Sache. Ob mit Familie, mit Freunden oder zu zweit, unsere Rezepte sind für alle Gelegenheiten geeignet und können beliebig in mehr oder weniger Portionen umgerechnet werden. In diesem Kapitel finden Sie die Rezepte für herzhafte Dips, Aufstriche und Saucen, die bestens zu den Brotrezepten im folgenden Kapitel passen und natürlich auch für ein Frühstück im Alltag oder als Beilage geeignet sind. Außerdem haben wir uns auch der Ostereier angenommen, die ja meist übrig bleiben, und ihnen eine leckere Füllung verpasst. Bär-lauch, Spargel, Kräuter und Radieschen sind die Hauptzutaten, die der Frühling jetzt für unser Buffet bereithält. Für Süßes zum Brunch finden Sie Erdbeer- und Rhabarber-Rezepte ab Seite 166 im Buch.

Kräuterkäse mit Radieschen

Für 10 Portionen • Pro Portion: 55 kcal, 3 g E, 4 g F, 1 g KH

200 g Radieschen
4 Frühlingszwiebeln
1 EL scharfer Senf
1 EL Olivenöl
150 g Hüttenkäse
100 g saure Sahne
Salz, Pfeffer
etwas Zitronensaft
2 EL Schnittlauch in Röllchen

1. Die Radieschen waschen, putzen und halbieren. Eventuell 2–3 Radieschen zum Garnieren in Scheiben schneiden und beiseitelegen. Die Frühlingszwiebeln putzen, waschen und die weißen Teile grob zerschneiden.

2. Senf, Olivenöl, Radieschen und Frühlingszwiebeln in den Mixtopf geben, Messbecher aufsetzen und alles 4 Sekunden/Stufe 5 zerkleinern. Mit dem Spatel nach unten schieben.

3. Hüttenkäse und saure Sahne dazugeben und 5 Sekunden Stufe 3 linksdrehend untermischen.

4. Masse mit Salz, Pfeffer und Zitronensaft abschmecken und in eine Schüssel umfüllen. ½ Stunde durchziehen lassen und mit den restlichen Radieschen und dem Schnittlauch garniert servieren.

TIPP: Frühlingsfrisches Aroma und Aussehen gibt auch die Gartenkresse. 1 Kästchen Kresse waschen, gut abtropfen lassen, die Blättchen mit einer Schere abschneiden und unter den Radieschen-Käse heben oder zusammen mit dem Schnittlauch obenauf streuen.

Gurkendip mit Kräutern

Für 6 Portionen • Pro Portion: 73 kcal, 4 g E, 5 g F, 3 g KH

1 Knoblauchzehe
40 g frische Kräuter (z. B. Dill und Minze oder
  Thymian und Minze)
1 kleine Salatgurke
100 g Schafskäse
100 ml Joghurt
Salz, Pfeffer
etwas Zitronensaft

1. Die Knoblauchzehe abziehen. Die Kräuter waschen, trocken schütteln und die Blätter von den Stängeln zupfen. Einige Blätter zum Garnieren beiseitelegen.

2. Die Gurke schälen, längs halbieren und die Kerne mit einem Löffel herauskratzen. Das Fruchtfleisch vierteln. Den Schafskäse grob zerschneiden.

3. Knoblauch und Kräuter in den Mixtopf geben, den Messbecher aufsetzen und alles 3 Sekunden/Stufe 5 zerkleinern. Mit dem Spatel nach unten schieben, die Gurkenstücke und den Schafskäse dazugeben und 5 Sekunden/Stufe 4 zerkleinern.

4. Den Joghurt 5 Sekunden/Stufe 3 unterrühren. Dip mit Salz, Pfeffer und Zitronensaft nach Belieben abschmecken. Wenn möglich im Kühlschrank ein paar Stunden durchziehen lassen.

TIPP: Diese Variante eines klassischen Zaziki passt ebenso gut zu Gegrilltem und Gebratenem wie zu gedünstetem Gemüse.

Bärlauchsauce

Für 6 Portionen • Pro Portion: 90 kcal, 4 g E, 7 g F, 4 g KH

1 Bund Bärlauch (ca. 100 g)
1 Bund Frühlingszwiebeln
250 g Quark (20 % Fett)
2 EL grobkörniger Senf
2 EL Olivenöl
etwas Zitronensaft
Salz, Pfeffer

1. Den Bärlauch waschen, verlesen und harte Stielenden entfernen. Die Blätter grob hacken. Die Frühlingszwiebeln putzen, waschen und grob zerschneiden.

2. Frühlingszwiebeln in den Mixtopf geben, Messbecher aufsetzen und Zwiebeln 5 Sekunden/Stufe 5 zerkleinern. Mit dem Spatel nach unten schieben, den Bärlauch dazugeben und weitere 5 Minuten/Stufe 5 zerkleinern.

3. Quark, Senf und Olivenöl dazugeben und 10 Sekunden/Stufe 3 linksdrehend verrühren.

4. Sauce in eine Schüssel umfüllen und mit Zitronensaft, Salz und Pfeffer pikant abschmecken.

TIPP: Die Sauce können Sie auch mit jungem Spinat machen und dabei nach Belieben 1–2 Knoblauchzehen dazupressen. Beides passt gut aufs Brot oder zu jungen Pellkartoffeln.

Bärlauchpesto

Für ca. 24 Portionen (600 ml) • Pro Portion (2 EL): 146 kcal, 2 g E, 15 g F, 0 g KH

150 g Bärlauch

75 g Pecorino oder Parmesan

75 g Walnusshälften

1–2 TL abgeriebene Schale einer Bio-Zitrone

300 ml Olivenöl

Salz, Pfeffer

1. Den Bärlauch gut waschen, verlesen und die Stiele entfernen. Gut abtropfen lassen oder in einer Salatschleuder trocknen.
2. Den Käse in Stücke schneiden, in den Mixtopf geben, Messbecher aufsetzen und Käse 10 Sekunden/Stufe 8 reiben. In eine Schüssel umfüllen.
3. Die Walnusshälften in einer beschichteten Pfanne ohne Fett rösten.
4. Walnüsse, Zitronenschale, Olivenöl und Bärlauch in den Mixtopf geben, Messbecher aufsetzen und alles 25 Sekunden/Stufe 6,5 zu einer cremigen Sauce verrühren. Eventuell zwischendurch mit dem Spatel nach unten schieben.
5. Sauce in die Schüssel zum Käse geben, gut verrühren und 1–2 Stunden ziehen lassen. Erst dann mit Salz und Pfeffer abschmecken.
6. Pesto möglichst blasenfrei in heiß gespülte Gläser füllen und zum Aufbewahren mit einer dünnen Ölschicht bedecken.

TIPP: Damit Pesto länger haltbar bleibt, sollte man immer nach Gebrauch wieder eine dünne Schicht Olivenöl daraufgießen.

Kräuterpesti

Pesto mediterran

Für ca. 10 Portionen (250 ml) • Pro Portion (2 EL): 161 kcal, 2 g E, 16 g F, 2 g KH

40 g Pinienkerne
je 10 g Thymian und Lavendel
je 15 g Basilikum und Oregano
2 Knoblauchzehen
50 g Pecorino
125 ml Olivenöl
½ TL Salz
Pfeffer

1. Die Pinienkerne in einer beschichteten Pfanne ohne Fett goldgelb rösten und abkühlen lassen.
2. Die Kräuter waschen, trocken schütteln und mit Küchenkrepp trocken tupfen. Die Blättchen von den Stängeln zupfen. Die Knoblauchzehen schälen. Den Käse grob zerschneiden.
3. Alle Zutaten in den Mixtopf geben, Messbecher aufsetzen und alles 10 Sekunden/Stufe 8 zu einer Creme zerkleinern. Mit dem Spatel nach unten schieben und nach Belieben noch 3–4 Sekunden/Stufe 8 weiter zerkleinern.
4. Mit Salz und Pfeffer abschmecken und in eine Schüssel oder ein Schraubglas füllen.

Pesto aus der Region

Für ca. 10 Portionen (250 ml) • Pro Portion (2 EL): 125 kcal, 4 g E, 12 g F, 1 g KH

> 25 g Kürbiskerne
> 25 g Mandeln oder Haselnüsse
> 50 g glatte Petersilie
> je 6 Stiele Gartenkräuter (z. B. Estragon, Bohnenkraut und Majoran)
> 75 g Bergkäse
> 75 ml Sonnenblumen- oder Rapsöl
> 1–2 TL abgeriebene Schale einer Bio-Zitrone
> Salz, Pfeffer
> 50 ml Kürbiskernöl nach Belieben

1. Kürbiskerne und Mandeln in den Mixtopf geben, Messbecher aufsetzen und Kerne und Mandeln 3 Sekunden/Stufe 6 grob hacken. Dann in eine beschichtete Pfanne geben und ohne Fett goldgelb rösten.

2. Die Kräuter waschen, trocken schütteln und mit Küchenpapier trocken tupfen. Die Blätter von den Stängeln zupfen.

3. Den Käse grob würfeln, in den Mixtopf geben und 12 Sekunden/Stufe 10 reiben. Mit dem Spatel nach unten schieben. Die Kräuter dazugeben und weitere 3 Sekunden/Stufe 8 zerkleinern.

4. Das Sonnenblumen- oder Rapsöl und die Kürbiskern-Mandel-Mischung dazugeben und 5 Sekunden/Stufe 3 einrühren. Mit Zitronenschale, Salz und Pfeffer abschmecken und nach Belieben das Kürbiskernöl einrühren. Alternativ können Sie das Kürbiskernöl getrennt dazu reichen – es ist mit seinem herben Geschmack nicht jedermanns Sache.

INFO: Erntefrische Kräuter aus der Region oder dem eigenen Garten oder Balkon sind gesund und duften besonders gut. Die Vitamine gehen nicht durch langen Transport verloren, und die Aromastoffe sind noch voll enthalten. Auf vielen Märkten gibt es mittlerweile »Kräuterhexen«, die je nach Saison ihren Kräutermix anbieten – bunte saisonale Mischungen, mit denen Sie nicht nur würzen, sondern auch frühlingsfrische Saucen zubereiten können.

Wildkräuter-Pesto

Für ca. 10 Portionen (250 ml) • Pro Portion (2 EL): 128 kcal, 2 g E, 13 g F, 1 g KH

40 Sonnenblumenkerne

50 g alter Gouda

50 g Wildkräuter (z. B. Löwenzahn,
   Bärlauch und Sauerampfer)

100 ml Sonnenblumen- oder Rapsöl

1 EL Zitronensaft

je ½ TL Salz und Pfeffer

1. Die Sonnenblumenkerne in einer beschichteten Pfanne ohne Fett goldgelb rösten und abkühlen lassen.

2. Den Käse grob würfeln. Die Kräuter waschen, trocken schütteln und mit Küchenkrepp trocken tupfen. Harte Stiele eventuell entfernen und die Blätter grob zerschneiden.

3. Zutaten in den Mixtopf geben, Messbecher aufsetzen und alles 15 Sekunden/Stufe 8 zu einer cremigen Paste verarbeiten. Mit dem Spatel nach unten schieben und nach Belieben weitere 3–4 Sekunden zerkleinern.

4. Pesto mit Salz und Pfeffer abschmecken und in eine Schüssel oder ein Schraubglas füllen.

TIPP: Brennnessel, Löwenzahn, Ehrenpreis und viele andere Kräuter gibt es schon im Frühjahr. Wo Sie Wildkräuter suchen und finden, können Sie auf Kräuterwanderungen lernen, die in vielen Städten angeboten werden.

Grüne Sauce Frankfurter Art

Für 4 Portionen • Pro Portion: 131 kcal, 10 g E, 7 g F, 6 g KH

**1 Bund Kräuter Grüne Sauce
(oder 100 g TK-Kräutermischung)
1 Zwiebel
4 hart gekochte Eier, Größe M
200 ml Joghurt
1 EL scharfer Senf
Salz, Pfeffer
etwas Zitronensaft**

1. Die Kräuter waschen, gut trocken schütteln und mit Küchenkrepp trocken tupfen. Die Blätter von den Stielen zupfen. Einige schöne Blätter zum Garnieren beiseitelegen. Tiefgekühlte Kräuter etwas antauen lassen. Die Zwiebel abziehen und halbieren. Die Eier schälen und halbieren.

2. Kräuter, Zwiebel und 4 Eierhälften in den Mixtopf geben und 6 Sekunden/Stufe 6 zerkleinern. Den Joghurt 10 Sekunden/Stufe 4 linksdrehend einrühren. Masse mit Salz, Pfeffer und Zitronensaft abschmecken und mindestens 30 Minuten durchziehen lassen.

3. Zum Servieren die Saue auf 4 Teller verteilen und mit Kräuterblättern und den restlichen Eierhälften servieren.

INFO: Die frischen Kräuter für die Frankfurter »Grie Soß« bekommen Sie ab April/ Mai auf dem Markt. Sie dürfen nur mit »Frankfurter Grüne Sauce« gekennzeichnet sein, wenn sie aus der dortigen Region stammen. Alles anderes heißt nur »Grüne Sauce« und ist auch in gut sortierten Supermärkten erhältlich. Traditionell müssen es sieben Kräuter sein: Borretsch, Kerbel, Kresse, Petersilie, Pimpinelle, Sauerampfer und Schnittlauch. Die Kräuter gibt es auch in 100 g Päckchen tiefgekühlt.

Variante Pesto Frankfurter Art

Für ca. 10 Portionen (250 ml) • Pro Portion (2 EL): 126 kcal, 2 g E, 13 g F, 1 g KH

30 g geschälte Mandeln
30 g alter Gouda
1 Bund Kräuter Grüne Sauce
   (oder 100 g TK-Kräutermischung)
100 ml Gemüsebrühe
100 ml Olivenöl
Salz, Pfeffer
etwas Zitronensaft

1. Mandeln in einer beschichteten Pfanne goldgelb rösten und abkühlen lassen. Den Käse grob zerschneiden, in den Mixtopf geben, Messbecher aufsetzen und Käse 10 Sekunden/Stufe 8 zerkleinern. In eine Schüssel umfüllen.

2. Die Kräuter waschen, trocken schütteln und mit Küchenkrepp trocken tupfen. Die Blätter von den Stielen zupfen, mit der Gemüsebrühe in den Mixtopf geben, Messbecher aufsetzen und Kräuter 15 Sekunden/Stufe 8 pürieren.

3. Mandeln Käse und Olivenöl dazugeben und 10 Sekunden/Stufe 3 cremig rühren. Mit Salz, Pfeffer und Zitronensaft abschmecken und in ein vorbereitetes Schraubglas füllen.

Seelachs mit grüner Eiersauce

Für 4 Portionen • Pro Portion: 203 kcal, 21 g E, 12 g F, 2 g KH

400 g Seelachsfilet
Salz, Pfeffer
2–3 EL Zitronensaft
500 ml Wasser
1 Bund Frühlingszwiebeln
1 Knoblauchzehe
2 Stängel glatte Petersilie
6 Blätter frischer Salbei
40 g weiche Butter
2 hart gekochte Eier, Größe M

1. Das Seelachsfilet trocken tupfen, in 4 Teile schneiden, salzen, pfeffern und mit 1 EL Zitronensaft beträufeln. 1 Stück Backpapier in der Größe des Varoma-Einlegebodens zurechtschneiden und den Einlegeboden damit auskleiden. Darauf achten, dass die seitlichen Schlitze zur Dampfzirkulation frei bleiben. Seelachs auf dem Backpapier verteilen.

2. Wasser in den Mixtopf füllen, Varoma aufsetzen und Seelachs 20 Minuten/Varoma garen.

3. In der Zwischenzeit die Frühlingszwiebeln putzen, waschen und mit viel Grün grob zerschneiden. Knoblauchzehe schälen. Die Petersilie waschen, trocken schütteln und die Blätter von den Stängeln zupfen. Salbei grob hacken.

4. Den Varoma abnehmen und beiseitestellen. Mixtopf ausleeren und abtrocknen.

5. Frühlingszwiebeln, Knoblauch, Kräuter und Butter in den Mixtopf geben und 5 Sekunden/Stufe 5 zerkleinern. 4 Minuten/100 °C/Stufe 1,5 andünsten.

6. Die Eier schälen und grob zerschneiden. In den Mixtopf zu den Zwiebeln und Kräutern geben und 2 Sekunden/Stufe 4 zerkleinern. Mit Salz, Pfeffer und dem restlichen Zitronensaft abschmecken.

7. Die Fischfilets auf einer Platte anrichten und die Eiersauce darauf verteilen.

TIPP: Sie können den Seelachs auch in mundgerechte Stücke schneiden und mit der Sauce auf Amuse-Geule-Löffeln oder in kleinen Schälchen anrichten.

Avocadocreme mit Rucola

Für 10 Portionen • Pro Portion: 97 kcal, 4 g E, 8 g F, 1 g KH

30 g geschälte Mandeln
40 g Parmesan
1 Avocado
25 g Rucola
150 g Frischkäse (20 % Fett)
2 EL Olivenöl
Salz, Pfeffer
etwas Zitronensaft

1. Nach Belieben die Mandeln in einer beschichteten Pfanne ohne Fett goldgelb rösten. Mit dem Parmesan in den Mixtopf geben, Messbecher aufsetzen und 10 Sekunden/Stufe 8 zerkleinern.

2. Die Avocado halbieren, das Fruchtfleisch mit einem Löffel aus der Schale heben. Den Kern aufbewahren. Den Rucola waschen, trocken schütteln und grob hacken.

3. Avocado, Rucola, Frischkäse und Olivenöl in den Mixtopf geben und alles zusammen 15 Sekunden/Stufe 5 zu einer feinen Creme verarbeiten. Mit Salz, Pfeffer und Zitronensaft pikant abschmecken.

4. Creme in eine Schüssel umfüllen und sofort auf Brot genießen. Alternativ in ein Schraubglas füllen und mit dem Kern (der verhindert, dass sich die Avocadocreme verfärbt) 1–2 Tage im Kühlschrank aufbewahren.

TIPP: Gut können Sie in die Creme auch die gesunden Chiasamen mischen: einfach zusammen mit der Avocado verarbeiten.
Oder mal ganz raffiniert: Ziehen Sie Chiasprossen. Eine Schale mit feuchter Watte auskleiden, Chiasamen daraufstreuen und einige Tage feucht halten. Nach 5 Tagen kann geerntet werden. Die Sprossen passen ebenso auf Brotbelag wie auf Salate.

Avocado mit Bärlauch

Für 10 Portionen • Pro Portion: 115 kcal, 1 g E, 12 g F, 2 g KH

75 g Bärlauch

1 Schalotte

30 g Walnüsse

4 EL Olivenöl

Salz

½ Zitrone

2 reife Avocados

Pfeffer

1. Den Bärlauch waschen, trocken schütteln und die harten Stiele entfernen. Mit Küchenkrepp trocken tupfen. Die Schalotte abziehen und vierteln.

2. Bärlauch, Schalotte, Walnüsse und Olivenöl mit einer Prise Salz in den Mixtopf geben, Messbecher aufsetzen und alles 10 Sekunden/Stufe 8 zerkleinern. Mit dem Spatel nach unten schieben und den Vorgang wiederholen.

3. Die Zitrone auspressen. Die Avocados halbieren, die Kerne entfernen und das Fruchtfleisch mit einem Löffel aus der Schale lösen. Mit Zitronensaft beträufeln und grob zerschneiden.

4. Avocado in den Mixtopf geben und 5 Sekunden/Stufe 4 mit der Bärlauchmischung verrühren. In eine Schüssel umfüllen, mit Salz und Pfeffer abschmecken und 30 Minuten durchziehen lassen.

TIPP: Noch aromatischer wird der Aufstrich, wenn Sie statt des Olivenöls mal Walnussöl probieren. Dieses gibt es schon in kleinen Flaschen à 200 ml zu kaufen.

Bärlauch und Ei auf Baguette

Für 6 Stück • Pro Stück: 148 kcal, 5 g E, 4 g F, 15 g KH

50 g Bärlauch

4 Frühlingszwiebeln

2 hart gekochte Eier, Größe M

50 g Schmand (24 % Fett) oder Crème légère

1 TL scharfer Senf

2 EL Zitronensaft

Salz, Pfeffer

6 Scheiben Baguette oder Ciabatta

1. Den Bärlauch waschen, trocken schütteln und die dicken Stiele entfernen. Grob hacken. Die Zwiebeln putzen, waschen und grob zerschneiden. Die Eier pellen und halbieren.

2. Bärlauch und Frühlingszwiebeln in den Mixtopf geben, Messbecher aufsetzen und alles 5 Sekunden/Stufe 5 zerkleinern. Mit dem Spatel nach unten schieben und eventuell noch 2–3 Sekunden zusätzlich zerkleinern.

3. Eier, Schmand, Senf und Zitronensaft dazugeben und 3 Sekunden/Stufe 4 vermischen. Creme mit Salz und Pfeffer abschmecken und zugedeckt im Kühlschrank mindestens 30 Minuten durchziehen lassen.

4. Vor dem Servieren das Brot toasten und mit dem Bärlauch-Eier-Aufstrich bestreichen.

Gefüllte Eier mit Schinken

Für 8 Portionen (4 Ostereier) • Pro Eihälfte: 69 kcal, 7 g E, 4 g F, 2 g KH

4 hart gekochte Eier, Größe M
2 Frühlingszwiebeln
1 kleine rote Spitzpaprika
100 g gekochter Schinken
100 g Frischkäse (20 % Fett)
Salz, Pfeffer
Tabasco nach Belieben
1 Stängel Dill

1. Die Eier schälen, längs halbieren und die Dotter mit einem Löffel herausheben.

2. Die Zwiebeln putzen, waschen und die weißen Teile grob zerschneiden. Die Paprikaschote waschen, putzen, Kerne und Trennhäutchen entfernen und das Fruchtfleisch vierteln.

3. Den Schinken in Streifen schneiden. Zwiebel, Paprika und Schinken in den Mixtopf geben, Messbecher aufsetzen und alles 5 Sekunden/Stufe 5 zerkleinern. Mit dem Spatel nach unten schieben und – wenn Sie die Füllung für die Eier feiner haben wollen – nochmals 2–3 Sekunden zerkleinern.

4. Frischkäse und Eidotter dazugeben und 8 Sekunden/Stufe 3 linksdrehend untermischen. Mit Salz, Pfeffer und – nach Belieben – Tabasco pikant abschmecken.

5. Die Eihälften mit der Creme füllen. Den Dill waschen, gut trocken schütteln, die Blättchen vom Stängel zupfen und die gefüllten Eier damit garnieren.

TIPP: **Statt des Schinkens können Sie auch Thunfisch aus der Dose (120 g Abtropfgewicht) verwenden.**

Gefüllte Eier mit Avocado und Lachs

Für 8 Portionen (4 Ostereier) • Pro Eihälfte: 80 kcal, 7 g E, 5 g F, 1 g KH

4 hart gekochte Eier, Größe M
4 Frühlingszwiebeln
½ Avocado
50 g Frischkäse (20 % Fett)
Salz, Pfeffer
4 Scheiben Räucherlachs
1 Stängel Dill

1. Die Eier schälen, längs halbieren und den Dotter mit einem Löffel herausheben. Die Frühlingszwiebeln putzen, waschen und den weißen Teil grob zerschneiden. Das Fruchtfleisch der Avocadohälfte mit einem Löffel aus der Schale heben.
2. Zwiebel, Avocado, Eidotter und Frischkäse in den Mixtopf geben, Messbecher aufsetzen und alles 3 Sekunden/Stufe 5 zerkleinern. Mit dem Spatel nach unten schieben und den Vorgang wiederholen. Mit Salz und Pfeffer abschmecken.
3. Die Creme in die Eihälften füllen, die Lachsscheiben halbieren, zu Röllchen drehen und obenauf setzen. Den Dill waschen, gut trocken schütteln, die Blättchen vom Stängel zupfen und die gefüllten Eiern damit garnieren.

TIPP: Statt Lachs können Sie die Eier auch mit Frühstücksspeck belegen. 4 Scheiben Speck quer halbieren, in einer beschichteten Pfanne ohne Fett kross braten, auf Küchenkrepp abtropfen lassen und in die Creme stecken.

INFO: Das Ei ist – entgegen seinem schlechten Ruf als Cholesterinbombe – ein sehr gesundes Lebensmittel. Die Wissenschaft gibt Entwarnung: Eier treiben den Cholesterinspiegel nicht in die Höhe! Mehrere Eier pro Woche sind unbedenklich, und zu Ostern dürfen es auch ein paar mehr sein. Eier enthalten biologisch hochwertiges Eiweiß und die wichtigen Vitamine A, D, E, K und B12.

Quark-Kräuter-Terrine

Für 10 Portionen • Pro Portion: 46 kcal, 4 g E, 2 g F, 3 g KH

je 4 Stängel frische Petersilie und Dill
  (oder je 20 g TK-Kräuter)
½ Bund Radieschen (ca. 100 g, geputzt gewogen)
1 Bund Frühlingszwiebeln
½ Bio-Zitrone
250 g Quark (20 % Fett)
250 ml Kefir (3,5 %Fett)
Bindemittel für 500 ml Flüssigkeit
  (z. B. Gelatine oder Guarkernmehl)

1. Petersilie und Dill waschen, gut trocken schütteln und die Blättchen von den Stängeln zupfen. Die Radieschen putzen und waschen. Die Frühlingszwiebeln putzen, waschen und mit viel Grün grob in Stücke schneiden. Die Zitrone heiß waschen, abtrocknen, ca. 2 TL Schale abraspeln und den Saft auspressen.

2. Radieschen und Frühlingszwiebeln in den Mixtopf geben, den Messbecher aufsetzen und alles 3 Sekunden/Stufe 5 zerkleinern. Mit dem Spatel nach unten schieben, die Kräuter dazugeben und weitere 3 Sekunden/Stufe 5 zerkleinern.

3. Zitronenschale, -saft, Quark und Kefir in den Mixtopf geben und 5 Sekunden/ Stufe 2 verrühren. Messbecher aufsetzen – es spritzt!

4. Das Bindemittel nach Packungsanleitung auflösen, zur Masse in den Mixtopf geben und in 10 Sekunden/Stufe 2 gut unterrühren.

5. Mischung in eine kalt ausgespülte Terrinenform oder mehrere Gratin-Förmchen füllen und mindestens 6 Stunden im Kühlschrank kaltstellen. Stürzen, evtl. in Scheiben schneiden und zum Beispiel auf einem bunten Salat servieren.

TIPP: Etwas aufwendiger können Sie die Terrine auch mit 200 g Räucherlachs oder Prosciutto gestalten. Kleiden Sie die Form vor dem Füllen mit 4 Scheiben Räucherlachs (oder 8 Scheiben Prosciutto) aus und legen die restlichen Scheiben obenauf.

Taboulé im Glas

Für 12 Portionen • Pro Portion: 152 kcal, 4 g E, 6 g F, 20 g KH

300 g Couscous
2 Zitronen
70 ml Olivenöl
4 Stängel Petersilie
4 Stängel frische Minze
2 weiße Zwiebeln
1 Salatgurke
1 Fleischtomate
Salz, Pfeffer

1. Couscous in eine große Schüssel geben. Die Zitronen auspressen – es sollen ca. 80 ml Saft sein. Zitronensaft und Olivenöl mit dem Couscous vermischen.

2. Petersilie und Minze waschen, gut trocken schütteln und die Blätter von den Stängeln zupfen. Einige Blätter zum Garnieren beiseitelegen. Die Zwiebeln abziehen und vierteln.

3. Kräuter und Zwiebel in den Mixtopf geben, Messbecher aufsetzen und alles 4 Sekunden/Stufe 5 zerkleinern. Mit dem Spatel nach unten schieben und eventuell den Vorgang wiederholen. Mischung in die Schüssel zum Couscous geben und gut unterrühren.

4. Die Gurke schälen, längs halbieren, die Kerne mit einem Löffel herauskratzen und das Fruchtfleisch grob in Stücke schneiden. Die Tomate waschen, vierteln, die Stielansätze und die Kerne entfernen. Gurke und Tomate im Mixtopf (Messbecher!) 3 Sekunden/Stufe 5 zerkleinern. Zum Couscous geben und alles gut vermischen.

5. Mit Salz und Pfeffer abschmecken und 5–6 Stunden im Kühlschrank durchziehen lassen. Dabei einige Male umrühren.

6. Zum Servieren in kleine Gläser oder Schüsseln füllen und mit den restlichen Minze- und Petersilienblättern garniert servieren.

TIPP: Die kleinen Couscous-Körnchen werden normalerweise mit heißem Wasser übergossen und ziehen dann 15–20 Minuten. Bei diesem Rezept saugen sie sich mit dem Saft der Zitronen und der Tomate voll – wodurch ein intensives und erfrischendes Aroma entsteht.

Couscous gibt es aus Hartweizengrieß, Gerste oder Hirse. Wenn Sie Probleme mit Gluten haben, sollten Sie nur Hirse verwenden. Sie können aber auch auf Quinoa oder Amaranth ausweichen. Diese müssen allerdings zuvor gekocht werden.

Schnelle Käsecreme mit Kräutern

Für ca. 10 Portionen • Pro Portion: 83 kcal, 6 g E, 6 g F, 2 g KH

2 Knoblauchzehen

50 g frische Kräuter

200 g Schafskäse

200 g Frischkäse (20 % Fett)

Salz, Pfeffer

1. Die Knoblauchzehen schälen. Die Kräuter waschen, trocken schütteln und mit Küchenkrepp trocken tupfen. Die Blätter von den Stängeln zupfen.
2. Knoblauchzehen und Kräuter in den Mixtopf geben, Messbecher aufsetzen und alles 3 Sekunden/Stufe 7 zerkleinern. Mit dem Spatel nach unten schieben und den Vorgang wiederholen.
3. Schafskäse dazugeben und 4 Sekunden/Stufe 4 zerkleinern. Den Frischkäse zufügen und alles 10 Sekunden/Stufe 3 linksdrehend vermischen. Mit Salz und Pfeffer abschmecken.

TIPP: Das gewisse Extra bekommt die Creme durch das Untermischen von 1 EL abgeriebener Schale einer Bio-Zitrone.

Spargelcreme im Glas mit Garnelen

Für 8 Portionen • Pro Portion: 123 kcal, 4 g E, 11 g F, 2 g KH

500 g grüner Spargel
2 Schalotten
2 EL Olivenöl
400 ml Gemüsebrühe oder Fischfond
8 große Garnelen
Salz, Pfeffer
etwas Zitronensaft
300 ml Crème fraîche

1. Den Spargel, wenn nötig, im unteren Drittel schälen und die holzigen Enden entfernen. Die Köpfchen abschneiden und in den Varoma legen. Den restlichen Spargel grob in Stücke schneiden. Die Schalotten abziehen und halbieren.

2. Die Schalotten mit 1 EL Öl in den Mixtopf geben, den Messbecher aufsetzen und Schalotten 5 Sekunden/Stufe 5 zerkleinern. Mit dem Spatel nach unten schieben und 3 Minuten/120 °C/Stufe 1,5 andünsten. Die Spargelstücke in den Mixtopf geben und 6 Sekunden/Stufe 5 zerkleinern.

3. Die Brühe dazugeben, den Varoma aufsetzen und das Ganze 12 Minuten/100 °C/Stufe 1 kochen, bis der Spargel weich ist.

4. In der Zwischenzeit die Garnelen waschen und trocken tupfen. Das restliche Öl in einer beschichteten Pfanne erhitzen und die Garnelen von jeder Seite 2 Minuten anbraten. Auf Küchenkrepp abtropfen lassen.

5. Den Varoma abnehmen und beiseitestellen und den Spargel 35 Sekunden/Stufe 4–6 ansteigend fein pürieren. Mit Salz, Pfeffer und Zitronensaft abschmecken. Die Crème fraîche mit etwas Salz glatt rühren.

6. Die Spargelcreme in 8 Gläser füllen und die Crème fraîche darübergeben. Mit dem Bratöl der Garnelen beträufeln, je 1 Garnele an den Rand stecken und mit den Spargelköpfchen garniert servieren.

Blumenkohl-Nuggets

Für 25 Stück • Pro Stück: 59 kcal, 3 g E, 3 g F, 4 g KH

> **50 g frische Kräuter**
> **100 g alter Gouda oder Bergkäse**
> **1 Blumenkohl (ca. 1,2 kg)**
> **500 ml Wasser**
> **2 Eier, Größe M**
> **100 g Semmelbrösel**
> **Salz, Pfeffer**
> **2 EL Rapsöl**

1. Die Kräuter waschen, gut trocken schütteln und die Blätter von den Stängeln zupfen. Den Käse grob zerschneiden. Beides in den Mixtopf geben, Messbecher aufsetzen und alles 8 Sekunden/Stufe 8 zerkleinern. In eine geräumige Schüssel (der Blumenkohl soll später auch darin Platz haben) umfüllen.

2. Blumenkohl waschen, putzen und grob zerschneiden. In 2 Portionen in den Mixtopf geben, Messbecher aufsetzen und Blumenkohl jeweils 4 Sekunden/Stufe 5 zerkleinern. Dann in den Varoma geben. Wasser in den Mixtopf füllen, Varoma aufsetzen und Blumenkohl 20 Minuten/Varoma/Rührstufe weich dünsten.

3. Etwas abkühlen lassen, in ein sauberes Tuch geben, kräftig ausdrücken und zum Käse in die Schüssel geben. Backofen auf 200 °C Ober-/Unterhitze (Umluft 180 °C) vorheizen.

4. Eier und 70 g Semmelbrösel zur Blumenkohl-Käse-Mischung geben und gut vermischen. Mit Salz und Pfeffer abschmecken.

5. Ein Backblech mit Öl bepinseln. Die restlichen Brösel auf einem flachen Teller ausbreiten. Mit angefeuchteten Händen aus dem Blumenkohlteig 20 Nuggets formen, jeweils in den Bröseln wälzen und auf das Backblech legen.

6. Blech in den Ofen schieben und Nuggets 15 Minuten von jeder Seite goldgelb backen und heiß – zum Beispiel mit einem Salat – oder kalt – am Buffet oder unterwegs – genießen.

Erbsencocktail mit Radieschen

Für 8 Portionen • Pro Portion: 57 kcal, 3 g E, 3 g F, 4 g KH

30 g Parmesan

600 g frische Erbsen in Schoten

Salz

500 ml Wasser

1 Prise Zucker

1 EL Nussöl

Salz, Pfeffer

1 Bund Radieschen (ca. 200 g, geputzt gewogen)

½ Gurke

1 Möhre nach Belieben

1. Den Parmesan in den Mixtopf geben und 10 Sekunden/Stufe 10 reiben. In eine Schüssel umfüllen.

2. Die Erbsen aus den Schoten lösen. Salzwasser mit Zucker in den Mixtopf geben und in 6 Minuten/100 °C zum Kochen bringen. Die Erbsen dazugeben und 4–6 Minuten/100 °C bissfest kochen.

3. Durch ein Sieb abgießen – dabei etwas von der Kochflüssigkeit aufbewahren. Einige Erbsen zum Garnieren beiseitelegen. Restliche Erbsen mit dem Öl und dem Parmesan in den Mixtopf geben, Messbecher aufsetzen und alles 5 Sekunden/Stufe 5 pürieren. Mit dem Spatel nach unten schieben und den Vorgang eventuell mit etwas Kochflüssigkeit wiederholen, sodass eine glatte Creme entsteht. Mit Salz und Pfeffer abschmecken und auf 8 Gläser verteilen. Abkühlen lassen.

4. Vor dem Servieren die Radieschen waschen, putzen und halbieren oder vierteln. Die Gurke schälen, längs halbieren, die Kerne mit einem Löffel herausschaben und das Fruchtfleisch würfeln. Nach Belieben eine Möhre schälen, putzen und in feine Streifen schneiden.

5. Radieschen, Gurke, Möhren und restliche Erbsen auf der Erbsencreme verteilen.

TIPP: **Die Erbsencreme macht sich auch gut als Dip oder Brotaufstrich.**

Mit Kräutern und Liebe gebacken

»Es grünt so grün ...« Brot, Brötchen, Muffins, Quiche und Scones – im Frühling kommen Kräuter in den Teig und machen alle Backwaren zu etwas ganz Besonderem. Gern geben wir auch eine Portion Käse gleich mit dazu – das Backwerk kann dann gut ohne Aufstrich genossen werden und eignet sich wunderbar zum Mitnehmen.

Kräutermuffins

Für 12 Stück • Pro Stück: 145 kcal, 5 g E, 11 g F, 8 g KH

50 g Kräuter (z. B. Petersilie, Dill und Thymian)
100 g Bergkäse
2 Eier, Größe M
100 g weiche Butter
1 TL Salz
125 g Weizenmehl (Type 550)
2 TL Backpulver
etwas Butter für die Formen

1. Den Backofen auf 180 °C Ober-/Unterhitze (Umluft 160 °C) vorheizen. Die Kräuter waschen, trocken schütteln und mit Küchenkrepp trocken tupfen. Die Blättchen von den Stängeln zupfen. Den Bergkäse grob in Stücke schneiden.

2. Kräuter und Bergkäse in den Mixtopf geben, Messbecher aufsetzen und alles 5 Sekunden/Stufe 5 zerkleinern. Mit dem Spatel nach unten schieben und den Vorgang wiederholen, damit die Kräuter gleichmäßig klein werden. Die übrigen Zutaten dazugeben und 10 Sekunden/Stufe 4 vermischen.

3. Ein Muffinblech (12 Mulden) sorgfältig einfetten oder mit Backpapier auskleiden und den Teig gleichmäßig auf die Vertiefungen verteilen.

4. Muffins im vorgeheizten Backofen 20 Minuten backen, bis sie aufgegangen und schön goldgelb sind. Auskühlen lassen und dann aus den Formen lösen.

Kräuterbrot

Für ca. 20 Scheiben • Pro Scheibe: 84 kcal, 3 g E, 2 g F, 13 g KH

400 g Getreidekörner-Mischung nach Belieben

1 Pck. Trockenhefe

2 TL Salz

200 ml lauwarmes Wasser

175 ml ungesüßter Mandeldrink

150 g Zucchini

75 g frische Kräuter

50 g Walnusskerne

etwas Mehl für die Arbeitsfläche

etwas Fett für die Form

1. Getreidekörner in den Mixtopf geben und 60 Sekunden/Stufe 10 schroten. Trockenhefe, Salz, Wasser und Mandeldrink dazugeben und 2 Minuten/Knetstufe zu einem Teig verarbeiten. In eine Schüssel umfüllen und an einem warmen Ort zugedeckt 2 Stunden gehen lassen.

2. Die Zucchini schälen, putzen und grob in Stücke schneiden. Die Kräuter waschen, trocken schütteln und die Blätter von den Stängeln zupfen. Zucchini, Kräuter und Walnüsse in den Mixtopf geben und 10 Sekunden/Stufe 5 zerkleinern.

3. Den Teig auf die bemehlte Arbeitsfläche geben und die Zucchini-Kräuter-Masse einarbeiten. Eine Kastenform (ca. 25 cm Länge) mit gefettetem Backpapier auskleiden – das verhindert, dass das Brot klebt und nur schwer aus der Form gelöst werden kann. Den Teig hineingeben und weitere 45 Minuten gehen lassen.

4. Eine feuerfeste Schale mit Wasser in den Backofen stellen und diesen auf 220 °C Ober-/Unterhitze (Umluft 200 °C) vorheizen.

5. Die Form mit dem Brot in den Backofen geben und 45–50 Minuten auf der unteren Schiene backen. Das Brot ist fertig, wenn es sich beim Daraufklopfen hohl anhört.

6. In der Form auskühlen lassen.

TIPP: Sie können das Brot statt mit Mandeldrink auch mit Buttermilch oder Kefir zubereiten – das ergibt einen feinen säuerlichen Geschmack.

Käse-Kräuter-Brioches

Für 16 Stück • Pro Stück: 191 kcal, 6 g E, 10 g F, 19 g KH

50 g Parmesan

30 g frische Kräuter (z. B. Petersilie und Basilikum)

150 ml Milch

30 g frische Hefe

1 TL Zucker

½ TL Salz

400 g Weizenmehl (Type 550)

4 Eidotter, Größe M

125 g weiche Butter

1 EL abgeriebene Schale einer Bio-Zitrone

etwas Mehl für die Arbeitsfläche

2 EL Sahne

1. Parmesan in Stücke schneiden und in den Mixtopf geben. Die Kräuter waschen und mit Küchenkrepp gut trocken tupfen. Die Blättchen von den Stängeln zupfen und zum Käse geben. Messbecher aufsetzen und alles 5 Sekunden/Stufe 6 zerkleinern. Mit dem Spatel nach unten schieben und Vorgang wiederholen. Mischung in eine Schüssel umfüllen und beiseitestellen. Den Mixtopf nicht spülen.

2. Milch, Hefe, Zucker und Salz in den Mixtopf geben und 2 Minuten/37 °C/Stufe 2 erwärmen, bis sich die Hefe aufgelöst hat.

3. Mehl, 3 Eidotter, Butter und Zitronenschale dazugeben und 3 Minuten/Knetstufe zu einem geschmeidigen Teig verarbeiten. In eine Schüssel umfüllen und zugedeckt 1 Stunde gehen lassen.

4. Auf einer bemehlten Arbeitsfläche Teig nochmals mit den Händen kräftig durchkneten und 16 runde Laibchen formen. Jeweils eine Mulde in die Mitte drücken und Teiglinge auf ein mit Backpapier ausgelegtes Backblech setzen.

5. Den restlichen Eidotter mit Sahne vermischen und die Brioches damit bestreichen. Das Kräuter-Käse-Gemisch in die Vertiefungen füllen.

6. Den Backofen auf 160 °C Ober-/Unterhitze (Umluft 140 °C) vorheizen. Währenddessen können die Brioches auf dem Backblech nochmals gehen. Dann auf die 2. Schiene von unten schieben und 20–25 Minuten backen, bis der Käse geschmolzen ist und die Brioches an den Rändern goldgelb sind.

TIPP: Teig über Nacht gut zugedeckt (damit die Oberfläche nicht austrocknet) im Kühlschrank gehen lassen. Bei der langen Gehzeit kann sich die Hefe voll entwickeln – das macht den Teig schön locker.

Kräuterbrötchen

Für 16 Stück • Pro Stück: 123 kcal, 4 g E, 2 g F, 23 g KH

50 g frische Kräuter (z. B. Petersilie,
  Kerbel und Bärlauch)
150 ml Milch
150 ml Wasser
1 TL Salz
1 TL Zucker
1 Pck. Trockenhefe
500 g Weizenmehl (Type 550)
1 EL Raps- oder Olivenöl
etwas Mehl für die Arbeitsfläche

1. Die Kräuter waschen, trocken schütteln und mit Küchenkrepp gut trocken tupfen. Die Blättchen von den Stängeln zupfen, in den Mixtopf geben und 5 Sekunden/ Stufe 5 zerkleinern. Mit dem Spatel nach unten schieben und evtl. den Vorgang wiederholen. 1 EL gehackte Kräuter entnehmen und zum Bestreuen beiseitestellen.

2. Milch, Wasser, Salz, Zucker und Hefe in den Mixtopf geben und 2 Minuten/37 °C/ Stufe 2 erwärmen.

3. Mehl und Öl dazugeben und 3 Minuten/Knetstufe verkneten. Teig 30 Minuten stehen lassen, dann nochmals 1 Minute durchkneten. Den Backofen auf 200 °C Ober-/Unterhitze (Umluft 180 °C) vorheizen.

4. Teig auf einer bemehlten Arbeitsfläche in 16 Stücke teilen, daraus Brötchen formen und auf ein mit Backpapier ausgelegtes Blech geben. Mit den restlichen Kräutern bestreuen und 10–20 Minuten gehen lassen. Dann im Ofen 15–20 Minuten goldgelb backen.

TIPP 1: Brötchen vor und nach dem Backen mit Wasser besprühen – sie werden dann besonders knusprig.

TIPP 2: Sie können die Brötchen gut einfrieren und – da sie recht klein sind – blitzschnell im Backofen auftauen.

Kräuterschnecken

Für 16 Stück • Pro Stück: 162 kcal, 7 g E, 5 g F, 23 g KH

150 g Parmesan
250 ml Wasser
1 Pck. Trockenhefe
1 TL Salz
2 EL Olivenöl
500 g Weizenmehl (Type 550) 50 g
**   gemischte Kräuter (z. B. 15 g**
**   Rosmarin und 35 g Thymian)**
etwas Mehl für die Arbeitsfläche

1. Parmesan grob zerschneiden, in den Mixtopf geben und 10 Sekunden/Stufe 9 reiben. In eine Schüssel umfüllen.

2. Wasser in den Mixtopf geben und 2 Minuten/50 °C/Rührstufe erwärmen. Trockenhefe, Salz, Olivenöl und Mehl dazugeben und 3 Minuten/Knetstufe zu einem geschmeidigen Teig verarbeiten. In eine Schüssel umfüllen und zugedeckt an einem warmen Ort 30 Minuten gehen lassen. Der Mixtopf muss nicht gespült werden.

3. Die Kräuter waschen, trocken schütteln und mit Küchenkrepp trocken tupfen. Die Blättchen von den Stängeln zupfen, in den Mixtopf geben, Messbecher aufsetzen und Kräuter 5 Sekunden/Stufe 5 zerkleinern. Vorgang eventuell wiederholen. Backofen auf 180 °C Ober-/Unterhitze (Umluft 160 °C) vorheizen.

4. Den Teig auf einer bemehlten Arbeitsfläche zu einem Rechteck (ca. 20 x 30 cm) ausrollen. Käse und Kräuter gleichmäßig darauf verteilen und von der Längsseite her aufrollen. Mit einem scharfen Messer 1 cm breite Scheiben abschneiden und diese auf ein mit Backpapier ausgelegtes Backblech legen.

5. Schnecken im Ofen 15 Minuten goldgelb backen und noch lauwarm oder kalt genießen.

TIPP: Statt mit Parmesan schmecken die Schnecken auch mit Bergkäse oder mit kleinen, zuvor angebratenen Schinkenwürfeln.

Kräuterknäcke

Für ca. 25 Stück • Pro Stück: 67 kcal, 2 g E, 3 g F, 7 g KH

50 g frische Kräuter
50 g Sonnenblumenkerne
100 g Haferflocken
150 g Weizenmehl (Type 1050)
1 TL Salz
½ Pck. Backpulver
2 EL Olivenöl
1 EL dunkler Sirup (z. B. Ahornsirup
   oder Backmalz)
200 ml Wasser
etwas Mehl für die Arbeitsfläche
50 g Leinsamen
grobes Meersalz

1. Die Kräuter waschen, mit Küchenkrepp trocken tupfen und die Blätter von den Stängeln zupfen. Zusammen mit den Sonnenblumenkernen und den Haferflocken in den Mixtopf geben, Messbecher aufsetzen und alles 5 Sekunden/Stufe 5 zerkleinern. Mit dem Spatel nach unten schieben und den Vorgang wiederholen.

2. Mehl, Salz, Backpulver, Olivenöl, Sirup und Wasser dazugeben und 15 Sekunden/Stufe 4 zu einem glatten Teig verrühren. Teig in eine Schüssel umfüllen und zugedeckt 30 Minuten ruhen lassen. Den Backofen auf 170° Ober-/Unterhitze (Umluft 150 °C) vorheizen.

3. Den Teig auf einer bemehlten Arbeitsfläche ca. 2 mm dick ausrollen und nach Belieben Rechtecke, Kreise oder andere Formen ausschneiden bzw. ausstechen.

4. Die Knäckebrote auf 2–3 mit Backpapier ausgelegte Backbleche verteilen, mit Wasser bestreichen und mit Leinsamen und Meersalz bestreuen.

5. Knäckebrote im Ofen in etwa 40–45 Minuten goldgelb und knusprig backen und dann auf den Blechen vollständig auskühlen lassen.

Spinat-Muffins mit Schafskäse

Für 12 Stück • Pro Stück: 159 kcal, 5 g E, 11 g F, 10 g KH

100 g Babyspinat
1 Schalotte
150 g Schafskäse
2 Eier, Größe M
100 ml Milch
100 g weiche Butter in Stücken
1 TL Salz
150 g Weizenmehl (Type 550)
1 Pck. Backpulver
etwas Butter für die Form

1. Den Backofen auf 180° Ober-/Unterhitze (Umluft 160 °C) vorheizen. Den Spinat waschen, gut abtropfen lassen und verlesen. Die Schalotte abziehen und vierteln. Den Käse in Würfel schneiden.

2. Schalotte in den Mixtopf geben, Messbecher aufsetzen und 3 Sekunden/Stufe 5 zerkleinern. Mit dem Spatel nach unten schieben und den Vorgang wiederholen.

3. Den Spinat dazugeben und 5 Sekunden/Stufe 4 zerkleinern. (Messbecher!) Die übrigen Zutaten (außer dem Käse) in den Topf geben und 20 Sekunden/Stufe 4 zu einem glatten Teig verrühren.

4. Die Käsewürfel mit dem Spatel unterheben.

5. Ein Muffinblech (12 Mulden) sorgfältig mit Butter einfetten (oder Papierförmchen verwenden) und den Teig in den Vertiefungen verteilen.

6. Muffins im vorgeheizten Backofen 20–25 Minuten backen, bis sie aufgegangen und schön goldgelb sind.

TIPP: Zu Spinat passt auch immer 1 Knoblauchzehe. Oder Sie versuchen mal 1 Stängel Zitronengras. Beides kommt mit der Schalotte in den Mixtopf.

Spargel-Tartelettes mit Dill

Für 10 Tartelettes • Pro Stück: 239 kcal, 7 g E, 16 g F, 16 g KH

Für den Mürbeteig:
200 g Weizenmehl (Type 550)
1 Prise Salz
100 g weiche Butter in Stücken
30 ml lauwarmes Wasser
1 Ei, Größe M

Für den Belag:
250 g grüner Spargel
1 ½ l Wasser
Salz
1 TL Zucker
20 g Butter
2 Stängel Dill
150 g Frischkäse (20 % Fett)
100 ml Schlagsahne
3 Eier, Größe M
6 Cocktailtomaten

1. Alle Zutaten für den Teig in den Mixtopf geben und 20 Sekunden/Stufe 4 vermischen. Auf die Arbeitsfläche geben und mit den Händen zu einer Kugel formen. In Klarsichtfolie wickeln und 30–60 Minuten im Kühlschrank ruhen lassen.

2. Spargel waschen, im unteren Drittel schälen und holzige Enden abschneiden. In etwa 8 cm lange Stücke schneiden und ins Garkörbchen legen.

3. Wasser mit etwas Salz, Zucker und 10 g Butter in den Mixtopf geben, Garkörbchen einhängen und den Spargel in 12 Minuten/100 °C/Rührstufe bissfest kochen. Garkörbchen herausnehmen und den Spargel eiskalt abschrecken, damit er schön grün bleibt. Den Mixtopf ausleeren.

4. Den Backofen auf 200 °C Ober-/Unterhitze vorheizen (Umluft weniger geeignet). Den Dill waschen, trocken schütteln und die Blättchen von den Stängeln zupfen. Frischkäse, Sahne, Eier und Dill in den Mixtopf geben, Messbecher aufsetzen und alles 5 Sekunden/Stufe 3 verrühren. Mit Salz und Pfeffer würzen.

5. 10 Tarteletteformen (ca. 10 cm Durchmesser) mit der restlichen Butter dünn einfetten. Den Teig dünn ausrollen, auf die Formen verteilen und mit einer Gabel mehrmals einstechen.

6. Spargel darauf verteilen, die Käse-Sahne-Mischung darübergießen. Die Tomaten waschen, auf die Törtchen verteilen und Tartelettes 20–25 Minuten auf der unteren Schiene im Ofen backen, bis sie an den Rändern goldgelb sind. Heiß oder lauwarm servieren.

TIPP: Wenn Sie die Tartelettes etwas kalorienärmer gestalten wollen: Frischkäse gibt es auch in Slim-Versionen, die Schlagsahne fettreduziert und den Mürbeteig könnten Sie durch Quark-Öl-Teig ersetzen (Seite 68). Schmeckt dann aber anders!

Spinat-Quiche mit Schafskäse

Für 4 Portionen • Pro Portion: 550 kcal, 20 g E, 38 g F, 30 g KH

Für den Mürbeteig:
150 g Weizenmehl (Type 550)
1 Prise Salz
100 g weiche Butter
1 Ei, Größe M

Für den Belag:
750 g Babyspinat
4 Frühlingszwiebeln
1 Knoblauchzehe
1 EL Olivenöl
Salz, Pfeffer
frisch geriebene Muskatnuss
150 g Schafskäse
2 Eier, Größe M
etwas Butter für die Form
Hülsenfrüchte zum Blindbacken

1. Alle Zutaten für den Teig in den Mixtopf geben und 20 Sekunden/Stufe 4 vermischen. Auf die Arbeitsfläche kippen und mit den Händen zu einer Kugel formen. Teig in Frischhaltefolie wickeln und 30–60 Minuten im Kühlschrank ruhen lassen.

2. In der Zwischenzeit den Spinat waschen, verlesen, putzen und gut trocken schleudern. Frühlingszwiebeln putzen, waschen und mit viel Grün grob zerschneiden. Die Knoblauchzehe schälen.

3. Zwiebeln, Knoblauch und Öl in den Mixtopf geben, Messbecher aufsetzen und alles 5 Sekunden/Stufe 5 zerkleinern. Mit dem Spatel nach unten schieben und 3 Minuten/20 °C/Stufe 1,5 andünsten. Mit Salz, Pfeffer und Muskatnuss würzen.

4. Den Spinat in 2–3 Portionen dazugeben und mithilfe des Spatels jeweils 5 Sekunden/Stufe 5 zerkleinern. (Zwischendurch nicht mit dem Spatel nach unten schieben!) Anschließend 3 Minuten/100 °C/Stufe 3 dünsten.

5. Schafskäse aus der Packung nehmen, abtropfen lassen und würfeln. Mit den Eiern 10 Sekunden/Stufe 3 linksdrehend unter den Spinat mischen. Den Backofen auf 180 °C Ober-/Unterhitze (Umluft 160 °C) vorheizen.

6. Eine Quicheform (ca. 27 cm Durchmesser) dünn mit Butter einfetten und mit dem Teig auskleiden. Dabei einen Rand hochziehen. Den Teig mehrmals mit einer Gabel einstechen, mit Backpapier belegen und Hülsenfrüchte zum Beschweren darauflegen. Teig 15 Minuten im vorgeheizten Backofen blindbacken. Herausnehmen und Backpapier mit den Hülsenfrüchten entfernen.

7. Die Spinat-Käse-Masse auf dem Teig verteilen und Quiche im Ofen in 10 Minuten bei 180 °C Ober-/Unterhitze (Umluft 160 °C) auf der mittleren Schiene fertig backen.

TIPP: So eine Quiche mit ihrem Mürbeteig hat es in sich! Die Menge ist für 4 Portionen jedoch großzügig bemessen. Sie macht auch 6 Personen satt, wenn Sie einen kleinen Salat dazu reichen.

Lauch-Quiche mit Lachs

Für 6 Portionen • Pro Portion: 456 kcal, 19 g E, 28 g F, 30 g KH

Für den Quark-Öl-Teig:
100 g Quark (20 % Fett)
50 ml Milch
60 ml Rapsöl
Salz
100 g Weizenmehl (Type 550)
1 Päckchen Backpulver
etwas Mehl für die Arbeitsfläche
etwas Fett für die Form

Für den Belag:
50 g Käse (z. B. Grana Padano oder alter Gouda)
3 Stangen Lauch
4 Stängel Dill
1 EL Rapsöl
200 ml Schmand
2 Eier, Größe M
Salz, Pfeffer
150 g Räucherlachs (6 Scheiben)
Bio-Zitrone in Spalten nach Belieben

1. Quark, Milch und Öl mit 1 Prise Salz in den Mixtopf geben und 5 Sekunden/Stufe 4 verrühren. Mit dem Spatel nach unten schieben und Mehl und Backpulver dazugeben. 2 Minuten/Knetstufe vermischen. Teig aus dem Mixtopf nehmen, Mixtopf spülen und abtrocknen.

2. Teig auf die bemehlte Arbeitsfläche legen, ausrollen und eine leicht gefettete Springform (ca. 30 cm Durchmesser) damit auskleiden.

3. Den Backofen auf 180 °C Ober-/Unterhitze (Umluft 160 °C) vorheizen. Den Käse grob würfeln, in den Mixtopf geben, 10 Sekunden/Stufe 10 zerkleinern und in eine Schüssel umfüllen.

4. Den Lauch putzen, längs aufschlitzen, gründlich waschen und grob zerschneiden. Den Dill waschen, trocken schütteln und die Blättchen von den Stängeln zupfen.

5. Lauch, Dill und Rapsöl in den Mixtopf geben (Messbecher!) und 6 Sekunden/Stufe 6 zerkleinern. Mit dem Spatel nach unten schieben und 6 Minuten/100 °C/Stufe 1,5 andünsten. Schmand, Käse, Eier, Salz und Pfeffer dazugeben und 20 Sekunden/Stufe 3 linksdrehend verrühren. Mischung auf dem Teig verteilen.

6. Den Lachs in Rechtecke oder Streifen schneiden, ⅓ davon auf die Quiche geben und leicht hineindrücken. Quiche im vorgeheizten Backofen 20 Minuten backen, bis der Teigrand goldgelb wird. Anschließend abgedeckt 10 Minuten bei 80 °C ruhen lassen.

7. Die Quiche in Stücke schneiden, auf Tellern anrichten, den restlichen Lachs danebensetzen und nach Belieben mit je 1 Spalte Zitrone garnieren.

TIPP: Legen Sie Ihre Springform mit Backpapier aus, so kann vom eher flüssigen Belag nichts herauslaufen.

Erbsen-Kräuter-Tarte

Für 8 Portionen als Vorspeise • Pro Portion: 343 kcal, 10 g E, 24 g F, 22 g KH

Für den Teig:

30 g Parmesan

120 g eiskalte Butter

2 Eier, Größe M

200 g Weizenmehl (Type 550)

½ TL Backpulver

½ TL Salz

Für den Belag:

500 g frische Erbsen

Salz

200 g Zucchini

je 4 Stängel Dill und Thymian

etwas Mehl für die Arbeitsfläche

etwas Fett für die Form

150 g Crème fraîche

Pfeffer

etwas Zitronensaft

30 g Rucola

100 g Schafskäse

1. Den Parmesan grob zerschneiden, in den Mixtopf geben, Messbecher aufsetzen und 8 Sekunden/Stufe 8 reiben.

2. Butter in Stücke schneiden und zusammen mit Eiern, Mehl, Backpulver und Salz zum Käse geben. Messbecher aufsetzen und alles in 30 Sekunden/Stufe 4 zu einem homogenen Teig vermischen. Teig herausnehmen, zu einer Kugel formen und in Frischhaltefolie gewickelt 30 Minuten im Kühlschrank ruhen lassen.

3. In der Zwischenzeit die Erbsen palen und in Salzwasser 10 Minuten vorkochen. Zucchini heiß waschen, putzen und in ½ cm dicke Scheiben schneiden. Die Kräuter waschen, trocken schütteln, die Blätter von den Stängeln zupfen und hacken. Den Backofen auf 200 °C Ober-/Unterhitze (Umluft 180 °C) vorheizen.

4. Den Teig auf einer bemehlten Arbeitsfläche ausrollen und in eine gefettete rechteckige (ca. 12 x 30 cm) oder runde (ca. 28 cm Durchmesser) Springform geben. Mit einer Gabel mehrmals einstechen. 15 Minuten im Ofen auf der mittleren Schiene vorbacken.

5. Kräuter mit 75 g Crème fraîche verrühren, mit Salz, Pfeffer und Zitronensaft abschmecken und auf dem Teig verstreichen. Mit Zucchinischeiben und Erbsen belegen und die restliche Crème fraîche darauf verteilen.

6. Im Ofen auf der mittleren Schiene 15 Minuten backen, bis Erbsen und Zucchini bissfest sind.

7. Rucola waschen, verlesen und gut abtropfen lassen. Schafskäse mit einer Gabel zerkrümeln. Beides auf der Tarte verteilen und weitere 5 Minuten backen. Heiß oder lauwarm servieren.

Kräuterrolle mit Lachs

Für ca. 15 Scheiben • Pro Scheibe: 106 kcal, 10 g E, 7 g F, 1 g KH

75 g Grana Padano

100 g Bergkäse

150 g Babyspinat

4 Eier, Größe M

Salz, Pfeffer

frisch geriebene Muskatnuss

200 g Räucherlachs

50 g frischer Dill

200 g Frischkäse (20 % Fett)

1. Den Backofen auf 200 °C Ober-/Unterhitze (Umluft 180 °C) vorheizen. Grana Padano grob zerschneiden, in den Mixtopf geben, Messbecher aufsetzen und Käse 8 Sekunden/Stufe 10 reiben. Ein Backblech mit Backpapier auslegen und den Käse darauf zu einem Quadrat verteilen (etwa 30 x 30 cm).

2. Bergkäse grob zerteilen und in den Mixtopf geben. Babyspinat waschen, gut abtropfen lassen und verlesen. Zusammen mit den Eiern und Gewürzen zum Käse geben und 12 Sekunden/Stufe 8 zerkleinern (Messbecher!).

3. Die Masse auf dem Parmesan verteilen und 10 Minuten im vorgeheizten Backofen vorbacken. Herausnehmen und abkühlen lassen. Der Mixtopf muss nicht gespült werden.

4. In der Zwischenzeit den Lachs in Streifen schneiden. Den Dill waschen, trocken schütteln und mit Küchenkrepp trocken tupfen. Die Blätter von den Stängeln zupfen.

5. Dill in den Mixtopf geben (Messbecher!) und 3 Sekunden/Stufe 8 zerkleinern. Mit dem Spatel nach unten schieben, den Frischkäse dazugeben und 4 Sekunden/Stufe 4 vermischen.

6. Die abgekühlte Spinat-Käse-Platte mit dem Dill-Frischkäse bestreichen und mit den Lachsstreifen belegen. Platte aufrollen, in Frischhaltefolie wickeln und kalt stellen. Vor dem Servieren in etwa 2 cm breite Scheiben schneiden.

TIPP: Zur Abwechslung können Sie die Rolle auch mit gekochtem Schinken zubereiten. Bei der Auswahl des »Grünzeugs« haben Sie ebenfalls freie Hand. Sie können statt des Spinats Rucola nehmen oder junge Blätter der Roten Bete.

Bärlauch-Scones

Für 16 Stück • Pro Stück: 167 kcal, 5 g E, 8 g F, 19 g KH

50 g Bärlauch

50 Cheddar

2 Eier, Größe M

100 g weiche Butter

1 TL Salz

1 TL Zucker

400 g Weizenmehl (Type 550)

1 Pck. Backpulver

300 ml Milch oder Buttermilch

etwas Mehl für die Arbeitsfläche

1 Eigelb, Größe M

1. Den Backofen auf 180 °C Ober-/Unterhitze (Umluft 160 °C) vorheizen. Den Bärlauch waschen, trocken schütteln, die harten Stiele abschneiden und die Blätter grob zerschneiden.
2. Bärlauch und Cheddar in den Mixtopf geben, Messbecher aufsetzen und alles 8 Sekunden/Stufe 5 zerkleinern. Mit dem Spatel nach unten schieben und den Vorgang eventuell wiederholen.
3. Die übrigen Zutaten (bis auf das Eigelb) dazugeben und 20 Sekunden/Stufe 4 vermischen.
4. Den Teig auf die bemehlte Arbeitsfläche geben, zu einer Kugel formen und ca. 2 ½–3 cm dick ausrollen. Sollte der Teig kleben, noch etwas Mehl zugeben.
5. Aus dem Teig mit einem Ausstecher (oder Glas) von 7 cm Durchmesser Kreise ausstechen und auf ein mit Backpapier ausgelegtes Backblech legen.
6. Das Eigelb mit etwas Wasser verrühren und die Scones damit bestreichen.
7. Scones im vorgeheizten Backofen auf der mittleren Schiene in 15–20 Minuten goldgelb backen.

TIPP: Frisch schmecken die Scones am besten, sie halten sich aber auch 2–3 Tage im Kühlschrank.

Osterbrot

Für 4 Stück (20 Portionen) • Pro Portion: 175 kcal, 4 g E, 7 g F, 25 g KH

125 ml Milch

½ Würfel frische Hefe

75 g Zucker

1 Pck. Vanillezucker

125 g weiche Butter

500 g Weizenmehl (Type 550)

2 Eier, Größe M

½ TL Salz

etwas Mehl für die Arbeitsfläche

1 Eigelb

2 EL Milch

2 EL bunte Zuckerstreusel

1. Milch, Hefe, Zucker und Vanillezucker in den Mixtopf geben und 3 Minuten/37 °C/ Stufe 0,5 verrühren, bis sich die Hefe aufgelöst hat.

2. Butter, Mehl, Eier und Salz dazugeben und 3 Minuten/Knetstufe zu einem Teig verarbeiten. Teig in eine Schüssel umfüllen und zugedeckt 30 Minuten an einem warmen Ort gehen lassen, bis sich das Volumen etwa verdoppelt hat.

3. Den Teig auf der bemehlten Arbeitsfläche in 4 Portionen teilen. Aus jedem Teil 2 Stränge rollen, zu einem Zopf verschränken und zu einem Kreis formen. Auf ein mit Backpapier ausgelegtes Backblech setzen und nochmals 30 Minuten gehen lassen.

4. Währenddessen den Backofen auf 180 °C Ober-/Unterhitze (Umluft 160 °C) vorheizen. Das Eigelb mit der Milch verquirlen, die Osternester damit bestreichen und mit Zuckerstreuseln bestreuen.

5. Osternester im Ofen auf der mittleren Schiene in 35–30 Minuten goldgelb backen. Auf einem Kuchengitter vollständig auskühlen lassen.

TIPP: Statt mit Zuckerstreuseln können Sie die Nester auch mit in etwas flüssiger Butter geschwenkten Mandelblättchen oder mit Sesam bestreuen.

Reistorte mit Frühlingszwiebeln

Für 8 Portionen • Pro Portion: 218 kcal, 11 g E, 8 g F, 25 g KH

250 g Rundkornreis

1 TL Salz

1 l Wasser

75 g Bergkäse oder alter Gouda

1 Bund Frühlingszwiebeln

4 Stängel frische Minze

2 EL Rapsöl

3 Eier, Größe M

200 g Quark oder Frischkäse (20 % Fett)

Pfeffer

etwas Fett für die Form

1. Den Reis ins Garkörbchen geben und unter fließendem Wasser waschen. Salz und Wasser in den Mixtopf füllen, Garkörbchen einhängen und Reis 35 Minuten/100 °C/Rührstufe garen. Körbchen herausnehmen und beiseitestellen. Den Mixtopf spülen und abtrocknen.

2. Den Backofen auf 180 °C Ober-/Unterhitze (Umluft 160 °C) vorheizen. Den Käse in Stücke schneiden, in den Mixtopf geben, Messbecher aufsetzen und Käse 10 Sekunden/Stufe 8 reiben. In eine kleine Schüssel umfüllen.

3. Die Frühlingszwiebeln putzen, waschen und mit viel Grün grob hacken. Die Minze waschen, trocken schütteln, die Blätter von den Stängeln zupfen und mit Küchenkrepp trocken tupfen.

4. Zwiebeln, Minze und Öl in den Mixtopf geben und 5 Sekunden/Stufe 5 (Messbecher!) zerkleinern. Dann 3 Minuten/120 °C/Stufe 1,5 andünsten.

5. Eier, Quark und Reis dazugeben und 10 Sekunden/Stufe 4 linksdrehend vermischen. Mit Salz und Pfeffer abschmecken.

6. Eine Springform (ca. 27 cm Durchmesser) dünn einfetten, die Reismasse einfüllen und glatt streichen. Mit dem geriebenen Käse gleichmäßig bestreuen.

7. Reistorte im vorgeheizten Backofen auf der mittleren Schiene 45–50 Minuten backen. Anschließend bei abgeschaltetem Backofen 5 Minuten ruhen lassen.

TIPP: Dazu passt gut ein frischer Kopfsalat mit einer grünen Sauce (Grüne Sauce Frankfurter Art, Seite 34).

Grün gemixt: Suppen

Für das Frühlingsgrün bei den Suppen haben wir außer Kräutern noch frisches, knackiges Gemüse vom Markt geholt: Staudensellerie, Gurken, Spinat, Spargel und Mangold können Sie in Ihrem Thermomix® blitzschnell zu heißen oder kalten Suppen verarbeiten. Sie sind auch gut zum Mitnehmen geeignet.

Als Basis für unsere Suppen dient hauptsächlich Gemüsebrühe – damit sind sie auch für Vegetarier und Veganer geeignet. Je nach Vorliebe können Sie aber auch kräftige Fleischbrühen oder Fonds verwenden.

Für etwas Farbe auf den Suppentellern sorgen die frischen Bundmöhren mit ihrem feinen Aroma, und knallrote Radieschen bringen zusätzlich etwas Schärfe ins Grün.

Bärlauchsuppe

Für 4 Portionen • Pro Portion: 266 kcal, 3 g E, 22 g F, 13 g KH

150 g Bärlauch
250 g mehligkochende Kartoffeln
4 Frühlingszwiebeln
2 EL Rapsöl
750 ml Gemüsebrühe
150 g Crème fraîche
Salz, Pfeffer

1. Den Bärlauch waschen, verlesen und mit Küchenkrepp trocken tupfen. 2 Blätter zum Garnieren in schmale Streifen schneiden und beiseitestellen. Die restlichen Blätter grob hacken.
2. Die Kartoffeln schälen, waschen und grob zerschneiden. Die Zwiebeln putzen, waschen und mit viel Grün grob hacken.
3. Zwiebeln und Öl in den Mixtopf geben, Messbecher aufsetzen und alles 5 Sekunden/Stufe 5 zerkleinern. Mit dem Spatel nach unten schieben und 3 Minuten/120 °C/Stufe 1,5 andünsten.
4. Bärlauch und Kartoffeln dazugeben und 3 Sekunden/Stufe 5 zerkleinern (Messbecher!). Mit dem Spatel nach unten schieben und 2 Minuten/120 °C/Stufe 2 andünsten.
5. Die Brühe angießen und die Suppe 17 Minuten/100 °C/Stufe 2 zugedeckt kochen lassen, bis die Kartoffeln weich sind.
6. 100 g Crème fraîche dazugeben und die Suppe 25 Sekunden/Stufe 6 (grob) oder 40 Sekunden/Stufe 8 (fein) pürieren.
7. Mit Salz und Pfeffer abschmecken, auf 4 Teller verteilen, mit den übrigen Bärlauchblättern bestreuen und die restliche Crème fraîche darüberlöffeln.

TIPP: Wenn Sie aus der Bärlauchsuppe eine Detox-Variante oder einen Smoothie zubereiten wollen, lassen Sie die Crème fraîche einfach weg. Sie kommen dann auf nur noch 155 kcal, 2 g E, 11 g F und 12 g KH.

Frühlings-Gazpacho

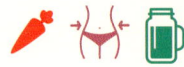

Für 4 Portionen • Pro Portion: 134 kcal, 3 g E, 10 g F, 7 g KH

---

1 grüne Paprikaschote
200 g Staudensellerie
1 kleine Salatgurke
50 g Bärlauch
1 Bio-Limette
100 g Rispentomaten
500 ml Gemüsebrühe oder Wasser
2–3 EL Weißweinessig
10 Eiswürfel
Salz, Pfeffer
2 EL Olivenöl

---

1. Die Paprikaschote waschen, putzen, entkernen und grob zerschneiden. Die Selleriestängel waschen und putzen. Etwa 15 cm vom dünnen Ende in schmale Streifen schneiden und zum Garnieren beiseitelegen. Schöne Zweige vom Selleriegrün aufbewahren. Den Rest der Stängel und des Grüns grob hacken.

2. Die Gurke schälen und grob hacken. Den Bärlauch waschen, verlesen und grob hacken. Die Limette heiß waschen, 2 TL Schale abraspeln und die Frucht auspressen.

3. Die Tomaten waschen, vierteln, die Stielansätze herausschneiden, die Kerne entfernen und das Fruchtfleisch würfeln oder in Spalten schneiden. Zum Garnieren beiseitestellen.

4. Gemüse (außer den Tomaten) mit Gemüsebrühe, Essig, Limettensaft und Eiswürfeln in den Mixtopf geben und 50 Sekunden/Stufe 5–8 ansteigend pürieren.

5. Gazpacho mit Salz und Pfeffer abschmecken, auf 4 Tellern anrichten und mit den Selleriescheiben- und -blättern sowie den Tomatenwürfeln garnieren. Mit dem Olivenöl beträufelt sofort servieren.

TIPP: Sie können die Gazpacho natürlich auch vorbereiten und 2–3 Stunden im Kühlschrank durchkühlen lassen. Dann aber vor dem Servieren noch mal mit einigen Eiswürfeln aufmixen.

Wenn die Temperaturen eher nach wärmenden Speisen rufen: Suppe ohne Eiswürfel pürieren, nach Belieben mit etwas Wasser verdünnen und 10 Minuten/100 °C/ Stufe 2,5 aufkochen lassen.

Radieschensuppe mit Avocado

Für 4 Portionen • Pro Portion: 217 kcal, 3 g E, 20 g F, 5 g KH

1 kleine Zwiebel
2 Bund Radieschen mit frischem Grün
  (ca. 400 g Radieschen, geputzt gewogen)
1 EL Rapsöl
700 ml Gemüsebrühe
100 ml Soja-Cuisine
1 Avocado
1 EL Zitronensaft
2 Stängel Dill
Salz, Pfeffer
4 TL Lein- oder Walnussöl

1. Die Zwiebel abziehen und vierteln. Die Radieschen waschen und putzen. 3 schöne große Exemplare in feine Scheiben schneiden, den Rest vierteln. Die jungen grünen Blätter grob zerschneiden. Einige ganz zarte Blätter zum Garnieren beiseitelegen.

2. Zwiebel mit dem Rapsöl in den Mixtopf geben, Messbecher aufsetzen und Zwiebel 5 Sekunden/Stufe 5 zerkleinern. Mit dem Spatel nach unten schieben und 4 Minuten/120 °C/Stufe 1,5 andünsten.

3. Die Radieschen mit den Blättern dazugeben, Messbecher aufsetzen und 5 Sekunden/Stufe 5 zerkleinern. Mit der Gemüsebrühe aufgießen und Radieschen in 14 Minuten/100°/Stufe 2 weich kochen. Anschließend die Soja-Cuisine dazugeben und Suppe 40 Sekunden/Stufe 6–8 ansteigend pürieren.

4. Während die Suppe kocht, die Avocado längs halbieren, den Kern entfernen und das Fruchtfleisch aus der Schale heben, würfeln oder in Scheiben schneiden und mit dem Zitronensaft beträufeln. Den Dill waschen, trocken schütteln und die Blätter von den Stängeln zupfen.

5. Die Suppe mit Salz und Pfeffer abschmecken. Avocado auf 4 Teller verteilen, die Suppe darüberschöpfen und die Radieschenscheiben, die Radieschenblätter und den Dill darauf verteilen. Mit dem Lein- oder Walnussöl beträufelt servieren.

TIPP: Wer es gern schärfer mag, kann Meerrettich oder für eine noch schärfere Version Wasabi hinzufügen.

Grüne Radieschensuppe

Für 4 Portionen • Pro Portion: 113 kcal, 4 g E, 8 g F, 6 g KH

1 kleine Zwiebel
1 Stange Lauch
2 Bund Radieschen mit frischem Grün
(ca. 400 g Radieschen, geputzt gewogen)
1 EL Rapsöl
800 ml Gemüsebrühe
Salz, Pfeffer
Meerrettich nach Belieben
80 ml Sojajoghurt

1. Die Zwiebel abziehen und vierteln. Den Lauch putzen, längs aufschlitzen, gründlich waschen und mit viel Grün grob hacken. Die Radieschen waschen, putzen und mit den grünen Blättern grob zerschneiden. Eventuell 4–5 Radieschen zum Garnieren klein würfeln und beiseitelegen.

2. Zwiebel und Lauch mit dem Rapsöl in den Mixtopf geben, Messbecher aufsetzen und alles 7 Sekunden/Stufe 5 zerkleinern. Mit dem Spatel nach unten schieben und 4 Minuten/120 °C/Stufe 1,5 andünsten.

3. Die Radieschen mit Blättern dazugeben, Messbecher aufsetzen und Radieschen 5 Sekunden/Stufe 5 zerkleinern. Mit der Gemüsebrühe aufgießen und Radieschen 14 Minuten/100 °C/Stufe 1 weich kochen. Anschließend Suppe 40 Sekunden/Stufe 6–8 ansteigend pürieren.

4. Mit Salz, Pfeffer und Meerrettich nach Belieben abschmecken. Suppe heiß genießen oder abkühlen lassen und im Kühlschrank kalt stellen.

5. Vor dem Servieren Suppe auf 4 Teller verteilen und jeweils 1 Klecks Sojajoghurt an der Oberfläche einrühren. Die restlichen Radieschenwürfel darüberstreuen.

Babyspinatcreme

Für 4 Portionen • Pro Portion: 109 kcal, 5 g E, 8 g F, 3 g KH

3 Schalotten

2 Knoblauchzehen

500 g Babyspinat

15 g Kokosöl

800 ml Gemüsebrühe

Salz, Pfeffer

etwas frisch geriebene Muskatnuss

etwas Zitronensaft

100 g Sojajoghurt

1. Schalotten und Knoblauch-zehen abziehen. Spinat waschen, verlesen und gut abtropfen lassen.

2. Schalotten und Knoblauch in den Mixtopf geben, den Messbecher aufsetzen und alles 3 Sekunden/Stufe 5 zerkleinern. Mit dem Spatel nach unten schieben, das Kokosöl dazugeben und Gemüse 3 Minuten/120 °C/ Stufe 1,5 andünsten.

3. Den Spinat und die Gemüsebrühe in den Mixtopf geben und 10 Minuten/100 °C/ Stufe 2 köcheln. Suppe dann 30 Sekunden/Stufe 5–8 ansteigend fein pürieren. Mixtopf dabei mit dem Messbecher verschließen!

4. Suppe mit Salz, Pfeffer, Muskatnuss und Zitronensaft abschmecken. Auf 4 tiefe Teller verteilen und jeweils 1 EL Joghurt in die Mitte setzen.

TIPP: Wenn Sie die Suppe etwas gehaltvoller und würziger möchten und kein Veganer sind, lassen Sie den Joghurt weg und geben vor dem Servieren pro Portion 30 g gewürfelten Schafskäse oder zerbröselten Blauschimmelkäse dazu.

Erbsen-Minze-Suppe mit knusprigem Prosciutto

Für 4 Portionen • Pro Portion: 187 kcal, 10 g E, 8 g F, 18 g KH

1 Zwiebel
150 g mehligkochende Kartoffeln
5 Stängel Minze
1 EL Rapsöl
1 kg junge Erbsen in Schoten
800 ml Gemüsebrühe
60 g Prosciutto
½ Bio-Limette
Salz, Pfeffer

1. Die Zwiebel abziehen und vierteln. Die Kartoffeln schälen, waschen und in Stücke schneiden. Die Minze waschen, trocken schütteln und die Blätter abzupfen.

2. Zwiebel in den Mixtopf geben, den Messbecher aufsetzen und Zwiebel 3 Sekunden/Stufe 5 zerkleinern. Mit dem Spatel nach unten schieben, das Öl dazugeben und 3 Minuten/120 °C/Stufe 1,5 dünsten.

3. Die Erbsen auspalen und zusammen mit den Kartoffelstücken, ¾ der Minze und der Gemüsebrühe in den Mixtopf geben. 15 Minuten/100 °C/Stufe 1 kochen.

4. In der Zwischenzeit den Prosciutto längs in Streifen schneiden und in einer beschichteten Pfanne ohne Fett knusprig braten. Auf Küchenkrepp abtropfen und abkühlen lassen, dann nach Belieben in Rechtecke oder Quadrate schneiden. Die halbe Limette auspressen.

5. Die Suppe 20 Sekunden/Stufe 5 grob pürieren. (Messbecher aufsetzen!)

6. Mit Salz, Pfeffer und Limettensaft pikant abschmecken. Auf 4 Teller verteilen, die Prosciutto-Stücke in die Mitte geben und die restlichen Minzeblätter darüberstreuen.

TIPP: Für eine vegane oder vegetarische Variante lassen Sie den Prosciutto weg, nehmen 2 Stängel Minze mehr und würzen kräftig mit Wasabi.

Erbsen-Sahne-Suppe mit Wasabi

Für 4 Portionen • Pro Portion: 175 kcal, 8 g E, 8 g F, 16 g KH

1,2 kg frische Erbsen in Schoten (ca. 500 g gepalt)
800 ml Gemüsebrühe
2 Stängel frische Minze
3 EL Crème fraîche
2–3 TL Wasabi

1. Erbsen auspalen. Mit der Gemüsebrühe in den Mixtopf geben und 14 Minuten/100 °C/Stufe 1 weich kochen. Die Minze waschen, trocken schütteln und die Blätter von den Stängeln zupfen. Einige Blätter zum Garnieren beiseitelegen.

2. 2 EL Crème fraîche und Wasabi zu den Erbsen geben und alles 40 Sekunden/Stufe 6–8 ansteigend fein pürieren. Suppe in eine Schüssel umfüllen, abkühlen lassen und 2–3 Stunden im Kühlschrank durchkühlen lassen.

3. Die kalte Suppe mit Salz, Pfeffer und nach Geschmack noch mehr Wasabi pikant abschmecken und auf 4 Teller oder Suppenschalen verteilen. Jeweils 1 Klecks der restlichen Crème fraîche in die Mitte setzen und mit einem Zahnstocher sternförmig auseinanderziehen. Mit den restlichen Minzeblättern bestreut servieren.

TIPP: Für eine Detox-Variante können Sie die Crème fraîche durch Joghurt oder Mandeldrink ersetzen.

Spargelsuppe mit Kresse

Für 4 Portionen • Pro Portion: 189 kcal, 5 g E, 16 g F, 5 g KH

500 g weißer Spargel (preiswert:
  Spargelbruch mit Köpfchen)
1 Kästchen Gartenkresse
2 Schalotten
15 g Butter
800 ml Brühe oder Fond
  (zum Beispiel Kalbsfond)
100 ml Sahne
1 Eidotter, Größe M
Salz, Pfeffer
etwas Zitronensaft

1. Den Spargel schälen, die holzigen Enden abschneiden und die Stangen grob in Stücke schneiden. Die Köpfchen abschneiden und in den Varoma legen. Die Kresse waschen, gut abtropfen lassen und die Pflänzchen abschneiden. Die Schalotten abziehen und halbieren.

2. Die Schalotten in den Mixtopf geben, den Messbecher aufsetzen und Schalotten 5 Sekunden/Stufe 5 zerkleinern. Die Butter dazugeben und Schalotten 4 Minuten/100 °C/Stufe 1,5 andünsten. Mit dem Spatel nach unten schieben, die Brühe angießen, die Spargelstücke dazugeben, den Varoma aufsetzen und Spargel 20 Minuten/Varoma/Stufe 0,5 garen. Den Varoma abnehmen und beiseitestellen.

3. Die Suppe 45 Sekunden/Stufe 5–8 ansteigend fein pürieren. Sahne mit Eidotter in einer kleinen Schüssel verquirlen, in die Suppe geben und 5 Sekunden/Stufe 3 einrühren (Messbecher!). Mit Salz, Pfeffer und Zitronensaft abschmecken.

4. Suppe auf 4 Teller verteilen, die Spargelköpfchen in die Mitte geben und mit der Kresse bestreut servieren.

TIPP: **Zu dieser Suppe passt auch gut in Streifen geschnittener Räucherlachs. Oder – ganz edel – je 1 EL Forellenkaviar.**

Grüne Spargelsuppe mit Sojasahne

Für 4 Portionen • Pro Portion: 90 kcal, 3 g E, 7 g F, 3 g KH

750 g grüner Spargel
1 Bund Frühlingszwiebeln
20 g Kokosöl
800 ml Gemüsebrühe oder -fond
100 ml Soja-Cuisine
Salz, Pfeffer
frisch geriebene Muskatnuss
etwas Zitronensaft

1. Den Spargel, wenn nötig, im unteren Drittel schälen, holzige Enden abschneiden. 2 Spargelstangen in feine Scheiben schneiden und beiseitelegen. Nach Belieben die Köpfchen ebenfalls abschneiden und beiseitelegen. Den Rest grob in Stücke schneiden. Die Frühlingszwiebeln putzen, waschen und grob zerschneiden.

2. Die Frühlingszwiebeln in den Mixtopf geben, den Messbecher aufsetzen und Zwiebeln 5 Sekunden/Stufe 5 zerkleinern. Mit dem Spatel nach unten schieben, das Kokosöl einwiegen und Zwiebeln 3 Minuten/120 °C/Stufe 1,5 andünsten.

3. Die Spargelstücke in den Mixtopf geben und 6 Sekunden/Stufe 5 zerkleinern. Die Brühe dazugießen. Spargelscheiben und -köpfchen in den Varoma geben und aufsetzen. 15 Minuten/100 °C/Stufe 0,5 kochen, bis die Spargelköpfchen im Varoma bissfest sind. Soja-Cuisine dazugeben und Suppe 35 Sekunden/Stufe 4–7 ansteigend fein pürieren. Mit Salz, Pfeffer, frisch geriebener Muskatnuss und Zitronensaft abschmecken.

4. Die Suppe auf 4 Teller verteilen und mit den Spargelscheiben und -köpfchen garniert servieren.

Klare Spargelsuppe mit Dill

Für 4 Portionen • Pro Portion: 73 kcal, 4 g E, 4 g F, 4 g KH

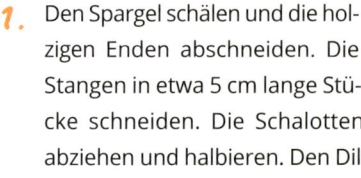

500 g weißer Spargel

2 Schalotten

50 g frischer Dill

1 EL Rapsöl

850 ml Brühe

Salz, Pfeffer

etwas Zitronensaft

1. Den Spargel schälen und die holzigen Enden abschneiden. Die Stangen in etwa 5 cm lange Stücke schneiden. Die Schalotten abziehen und halbieren. Den Dill waschen, trocken schütteln und die Blätter von den Stielen zupfen.

2. Dill in den Mixtopf geben, den Messbecher aufsetzen und Dill 6 Sekunden/Stufe 5 hacken, dann in eine Schüssel umfüllen. Es macht nichts, wenn beim Umfüllen etwas Dill im Mixtopf bleibt – der dünstet dann einfach mit.

3. Die Schalotten in den Mixtopf geben und 4 Sekunden/Stufe 5 (Messbecher!) zerkleinern. Das Öl dazugeben und Schalotten 3 Minuten/120 °C/Stufe 1,5 andünsten. Die Brühe angießen.

4. Den Spargel in den Einlegeboden des Varoma geben, Varoma aufsetzen und Spargel 15–18 Minuten/Varoma/Rührstufe (je nach Dicke) weich garen. Den Varoma abnehmen und beiseitestellen.

5. Den Dill zur Suppe geben und 2 Minuten/100 °C/Stufe 0,5 erwärmen. Die Suppe mit Salz, Pfeffer und Zitronensaft abschmecken. Den Spargel auf die Teller verteilen und mit der Suppe begießen.

Suppe von jungen Möhren mit Ingwer

Für 4 Portionen • Pro Portion: 128 kcal, 2 g E, 7 g F, 13 g KH

1 Bund Frühlingszwiebeln
1 Stück Ingwer (etwa walnussgroß)
500 g junge Bundmöhren
1 Orange
1 EL Rapsöl
750 ml Brühe
Salz, Pfeffer
75 g ungesüßter Mandeldrink

1. Die Zwiebeln putzen, waschen und die weißen Teile grob zerschneiden. Den Ingwer schälen. Die Möhren waschen und putzen. Etwas vom zarten Grün hacken und beiseitestellen. Die Orange auspressen.

2. Zwiebel, Ingwer und Öl in den Mixtopf geben, mit dem Messbecher verschließen und alles 5 Sekunden/Stufe 6 zerkleinern. Mit dem Spatel nach unten schieben. Anschließend 3 Minuten/120 °C/Stufe 1,5 andünsten.

3. Die Möhren dazugeben und 5 Sekunden/Stufe 6 zerkleinern. Die Brühe angießen und das Ganze 20 Minuten/100 °C/Stufe 2 zugedeckt kochen lassen.

4. Suppe auf den Stufen 5–7 ansteigend in etwa 20 Sekunden pürieren, bis die gewünschte Cremigkeit erreicht ist.

5. Mit Salz und Pfeffer abschmecken, den Orangensaft und Mandeldrink dazugeben und 5 Sekunden/Stufe 2 verrühren.

6. Suppe auf 4 Teller verteilen und mit dem Möhrengrün bestreut servieren.

TIPP: Das restliche zarte Möhrengrün ist zu schade zum Wegwerfen. Es passt gut in grüne Smoothies oder fein gehackt über Salate.

Mangoldsuppe

Für 4 Portionen • Pro Portion: 96 kcal, 4 g E, 7 g F, 3 g KH

> **4 Blätter Mangold (ca. 500 g)**
>
> **4 Frühlingszwiebeln**
>
> **2 Stängel Thymian oder Majoran**
>
> **2 Knoblauchzehen**
>
> **15 g Butter**
>
> **800 ml Gemüsebrühe**
>
> **Salz, Pfeffer**
>
> **frisch geriebene Muskatnuss nach Belieben**

1. Die Mangoldblätter gründlich unter fließendem Wasser waschen, trocken schütteln und putzen. Die Rispen herausschneiden und grob hacken. Die Blätter in 2 cm breite Streifen schneiden.

2. Die Frühlingszwiebeln putzen, waschen und mit viel Grün grob zerschneiden. Thymian oder Majoran waschen und trocken schütteln. Die Knoblauchzehen schälen.

3. Die Butter in den Mixtopf geben und 25 Sekunden/50 °C/Stufe 1 schmelzen. Zwiebeln und Knoblauch dazugeben, Messbecher aufsetzen und 5 Sekunden/Stufe 5 zerkleinern. Mit dem Spatel nach unten schieben und 3 Minuten/100 °C/Stufe 1,5 andünsten.

4. Die Mangoldstiele dazugeben, 3 Sekunden/Stufe 5 zerkleinern. Die Gemüsebrühe und den Thymian oder Majoran dazugeben und Mangold in 15 Minuten/100 °C/Stufe 2 linksdrehend bissfest kochen. Die Blätter dazugeben und in weiteren 7 Minuten/100 °C/Stufe 2 linksdrehend weich kochen.

5. Den Thymian aus der Suppe fischen und die Suppe mit Salz, Pfeffer und – nach Belieben – Muskatnuss abschmecken.

TIPP 1: Pro Portion 15 g Roquefort-Käse oder ½ hart gekochtes Ei passen gut zum Mangold.

TIPP 2: Für diese Suppe können Sie die äußeren, groben Blätter der Mangold-staude verwenden. Die feinen, kleinen bleiben dann zum Beispiel für einen Salat.

Wildkräuter-Suppe mit Ei

Für 4 Portionen • Pro Portion: 325 kcal, 12 g E, 27 g F, 7 g KH

75 g Wildkräuter (z. B. Giersch, Löwenzahn,
   Brennnesseln oder Schafgarbe)
50 g glatte Petersilie
150 g Sauerampfer
150 g Babyspinat
1 große Zwiebel
30 g Butter
800 ml Gemüsebrühe oder -fond
100 ml Sahne
Salz, Pfeffer
Muskatnuss nach Belieben
4 hart gekochte Eier, Größe M
4 EL Crème fraîche

1. Wildkräuter, Petersilie, Sauerampfer und Spinat waschen, verlesen und die Stängel entfernen. Die Zwiebel abziehen und vierteln.

2. Zwiebel in den Mixtopf geben, Messbecher aufsetzen und Zwiebel 5 Sekunden/ Stufe 5 zerkleinern. Mit dem Spatel nach unten schieben, die Butter dazugeben und Zwiebel 4 Minuten/100 °C/Stufe 1,5 andünsten.

3. Wildkräuter, Petersilie, Sauerampfer, Spinat und Brühe in den Mixtopf geben und alles 10 Minuten/100 °C/Stufe 1 kochen lassen. Anschließend 20 Sekunden/ Stufen 5–7 ansteigend nicht zu fein pürieren.

4. Die Sahne 5 Sekunden/Stufe 3 einrühren und die Suppe mit Salz, Pfeffer und – nach Belieben – Muskatnuss abschmecken.

5. Die Eier pellen und halbieren. Crème fraîche glatt rühren. Die Suppe auf 4 Teller verteilen, die Eihälften hineinlegen und Suppe mit Crème fraîche beträufelt servieren.

Gurken-Sauerampfer-Suppe

Für 4 Portionen • Pro Portion: 125 kcal, 3 g E, 10 g F, 5 g KH

1 Salatgurke
75 g Sauerampfer (ersatzweise Bärlauch
   oder gemischte Kräuter)
750 ml Brühe
½ TL Kurkuma
150 ml Soja- oder Mandel-Cuisine
Salz, Pfeffer
etwas Zitronensaft

1. Die Gurke schälen, längs halbieren und die Kerne mit einem Löffel herausschaben. Fruchtfleisch in grobe Stücke schneiden. Den Sauerampfer waschen, trocken schütteln, verlesen und grob hacken.

2. Gurke mit der Brühe und Kurkuma in den Mixtopf geben und in 8 Minuten/100 °C/Stufe 1 bissfest kochen. Den Sauerampfer mit dem Spatel unterrühren und weitere 5 Minuten /100 °C/Stufe 1 kochen. Dann Suppe 20 Sekunden/Stufe 4–6 leicht pürieren.

3. Die Soja Cuisine mit dem Spatel einrühren und behutsam 1 Minute/80 °C/Stufe 2 erwärmen.

4. Suppe mit Salz, Pfeffer und Zitronensaft abschmecken und auf 4 Teller verteilen.

TIPP: Wer will, kann die Suppe auch noch mit 2 TL roten Beeren würzen. Das süßlich-scharfe Aroma passt sehr schön zum herben Sauerampfer. Ebenfalls gut dazu passt pro Portion 1 Scheibe in Streifen geschnittener, mild geräucherter Lachs.

Kräuter-Kresse-Suppe

Für 4 Portionen • Pro Portion: 207 kcal, 3 g E, 19 g F, 6 g KH

3 Schalotten

2 Knoblauchzehen

150 g Knollensellerie

2 Kästchen Kresse

30 g gemischte Kräuter (z. B. Bärlauch,
   Petersilie und Estragon)

15 g Kokosöl

700 ml Gemüsebrühe

200 ml Sahne

Salz, Pfeffer

frisch geriebene Muskatnuss

1. Die Schalotten und Knoblauchzehen abziehen und halbieren. Knollensellerie schälen, putzen, waschen und in Stücke schneiden. Die Kresse unter fließendem Wasser behutsam abspülen, trocken schütteln und die Pflänzchen abschneiden. Einige Blättchen zum Garnieren beiseitelegen.

2. Die Kräuter waschen, trocken schütteln und die Blättchen von den Stängeln zupfen.

3. Knoblauch und Knollensellerie in den Mixtopf geben, den Messbecher aufsetzen und Gemüse 6 Sekunden/Stufe 5 zerkleinern. Mit dem Spatel nach unten schieben, das Kokosöl dazugeben und Gemüse 3 Minuten/120 °C/Stufe 1,5 andünsten.

4. Die Brühe angießen und das Gemüse in 10 Minuten/100 °C/Stufe 1 weich kochen. Anschließend 30 Sekunden/Stufe 5–7 ansteigend fein pürieren. Sahne, Kresse und Kräuter dazugeben und 5 Sekunden/Stufe 5 leicht zerkleinern. Mit Salz, Pfeffer und Muskatnuss abschmecken.

5. Suppe auf 4 Teller verteilen und mit der restlichen Kresse bestreut servieren.

VARIANTE: Mit etwa 100 g frischem Spinat oder Mangold schmeckt die Suppe ebenso gut. Die Blätter werden nach dem Waschen grob gehackt und kochen mit dem Sellerie, bis sie weich sind.

Pflücksalatsuppe mit neuen Kartoffeln

Für 4 Portionen • Pro Portion: 163 kcal, 4 g E, 8 g F, 19 g KH

200 g junge Möhren

300 g neue Kartoffeln

2 Fleischtomaten

1 Zwiebel

4 Stängel Petersilie

1 EL Rapsöl

800 ml Gemüsebrühe

Salz, Pfeffer

100 g Pflücksalat-Mischung (z. B. junge Blätter von
   Lollo bianco, rotem Mangold und Eichblatt)

1. Die Möhren und Kartoffeln schälen, putzen, waschen und in Stücke schneiden. Die Fleischtomaten heiß überbrühen, kalt abschrecken, häuten und vierteln. Den Stielansatz und die Kerne entfernen. Die Zwiebel schälen und halbieren. Die Petersilie waschen, trocken schütteln und die Blätter von den Stielen zupfen.

2. Zwiebel und Öl in den Mixtopf geben, den Messbecher aufsetzen und Zwiebel 3 Sekunden/Stufe 5 zerkleinern. Mit dem Spatel nach unten schieben und nochmals 3 Sekunden zerkleinern. Dann 3 Minuten/120 °C/Stufe 1,5 andünsten.

3. Möhren, Tomaten, Kartoffeln und Petersilie dazugeben und 4 Sekunden/Stufe 5 zerkleinern. Die Brühe angießen und alles 10 Minuten/100 °C/Stufe 1 linksdrehend garen. Mit Salz und Pfeffer abschmecken.

4. Die Salatblätter – wenn nötig – waschen, gut abtropfen lassen, grob hacken und zur Suppe geben. 2 Minuten/85 °C/Stufe 1,5 linksdrehend erwärmen. Suppe auf 4 Teller verteilen und sofort heiß servieren.

TIPP: Zusammen mit der Zwiebel könnten Sie auch noch 1 walnussgroßes Stück geschälten Ingwer in den Mixtopf geben. Das passt sehr gut zu den Möhren und gibt ein wenig Pep.

Kerbelsuppe mit Schafskäse

Für 4 Portionen • Pro Portion: 131 kcal, 5 g E, 8 g F, 7 g KH

1 kleine Zwiebel
1 kleine Stange Lauch
100 g Kartoffeln
100 g Petersilienwurzel
120 g Kerbel
30 g Butter
800 ml Gemüsebrühe
150 ml Sahne
100 g Schafskäse
Salz, Pfeffer
frisch geriebene Muskatnuss
etwas Zitronensaft
bunter Pfeffer aus der Mühle

1. Die Zwiebel abziehen und halbieren. Den Lauch putzen, waschen und nur den weißen Teil grob zerschneiden. (Das dunkle Grün z. B. für eine Gemüsesuppe aufbewahren.) Die Kartoffeln und Petersilienwurzel schälen, putzen, waschen und vierteln.

2. Den Kerbel waschen, trocken schütteln und die Blättchen von den Stängeln zupfen. Einige Blätter zum Garnieren beiseitelegen.

3. Zwiebel, Lauch und Butter in den Mixtopf geben, mit dem Messbecher verschließen und alles 5 Sekunden/Stufe 5 zerkleinern. Mit dem Spatel nach unten schieben und 3,5 Minuten/100 °C/ Stufe 1,5 andünsten.

4. Kartoffel, Petersilienwurzel und Brühe in den Topf geben und mit dem Garkörbchen als Spritzschutz zugedeckt in 12 Minuten/100 °C/Stufe 1 weich kochen. Den Kerbel dazugeben und in der Suppe 3 Minuten/90 °C/Stufe 1,5 erwärmen. Zwischendurch mit dem Spatel unterheben, damit alle Kräuter in der Suppe schwimmen.

5. Die Sahne dazugießen und die Suppe 30 Sekunden/Stufe 5–7 ansteigend pürieren.

6. Den Schafskäse quer halbieren und jede Hälfte in 2 dünne Scheiben schneiden.

7. Suppe mit Salz, Pfeffer, Muskatnuss und Zitronensaft pikant abschmecken. Auf 4 Teller verteilen, den Schafskäse in die Mitte setzen und mit den restlichen Kräutern und buntem Pfeffer aus der Mühle bestreut servieren.

TIPP: Wenn Sie die Suppe kalt servieren wollen, können Sie sie zum Abkühlen mit ein paar Eiswürfeln wie einen Smoothie cremig mixen.

Grüne Gemüsesuppe mit Pesto

Für 4 Portionen • Pro Portion: 343 kcal, 11 g E, 25 g F, 17 g KH

30 g Pinienkerne
30 g ungeschälte Mandeln
40 g frische Kräuter (z. B. Basilikum,
  Majoran und Petersilie)
½ Bio-Limette
50 ml Olivenöl
250 g grüne Bohnen
500 g frische Erbsen
200 g grüner Spargel
200 g Zucchini
800 ml Gemüsebrühe
Salz, Pfeffer

1. 15 g Pinienkerne und 15 g Mandeln in den Mixtopf geben, Messbecher aufsetzen und alles 5 Sekunden/Stufe 8 zerkleinern.

2. Die Kräuter waschen, trocken schütteln und die Blätter von den Stielen zupfen. (Wenn die Kräuter holzige Stängel haben, diese sehr sorgfältig entfernen!) Die Limette heiß waschen und 1 EL Schale abraspeln. Den Saft auspressen.

3. Kräuter, Zitronenschale mit dem Olivenöl zu den Nüssen in den Mixtopf geben, Messbecher aufsetzen und alles 5 Sekunden/Stufe 8 fein zerkleinern. Mit dem Spatel nach unten schieben und den Vorgang wiederholen, bis das Pesto eine sämige Konsistenz hat. In eine Schüssel umfüllen, den Mixtopf nicht spülen.

4. Die Bohnen putzen und waschen. Die Erbsen auspalen. Den Spargel im unteren Ende schälen, holzige Enden abschneiden und in 2 cm lange Stücke schneiden. Zucchini waschen und in Scheiben schneiden.

5. Die Spargelköpfchen und Zucchinischeiben in den Varoma legen. Das restliche Gemüse mit der Brühe in den Mixtopf geben, den Varoma aufsetzen und das Ganze 15–18 Minuten/100 °C/Stufe 1 linksdrehend garen.

6. Den Varoma abnehmen und die Zucchinischeiben zur Suppe geben. Suppe mit Salz, Pfeffer und Limettensaft abschmecken. Auf 4 Teller verteilen und die Spargelköpfchen und je 1 EL Pesto in die Mitte setzen. Mit den restlichen Pinienkernen und Mandeln bestreut servieren.

TIPP: Machen Sie vom Pesto (Schritt 1–3) die doppelte Menge. In einem Schraubglas und mit etwas Öl bedeckt hält es sich mindestens 10 Tage im Kühlschrank.

Frühlingsfrisch: Salate

Zwar konnten wir uns im Winter mit Feldsalat aus heimischem Anbau versorgen und natürlich mit Importware von weit her – es geht aber doch nichts über die frischen, jungen Salate aus der Region, die sich im Frühling wieder auf den Märkten sehen lassen.

Ein feines Dressing dazu, das Sie auch noch auf Vorrat zubereiten können – und fertig ist eine Vorspeise, Beilage oder ein Hauptgericht, wenn Sie noch etwas Backwerk, zum Beispiel Kräuterschnecken (Seite 61), dazulegen.

Außer Blattsalaten kommen in unsere Frühlingssalate noch grüner Spargel, junger Spinat oder Mangold, neue Kartoffeln, Kohlrabi und natürlich Radieschen.

3-mal Dressing für Blattsalate

Knoblauch-Chili-Dressing

Für 8 Portionen • Pro Portion: 110 kcal, 0 g E, 8 g F, 10 g KH

1 Stück Ingwer (etwa walnussgroß)
1–2 rote Chilischoten (Schärfe nach Belieben)
3 Knoblauchzehen
4 EL Olivenöl
50 ml weißer Essig
75 g Zucker
½ Bio-Limette
Salz

1. Den Ingwer schälen und vierteln. Die Chilischoten waschen, putzen, längs halbieren. Wer Schärfe nicht mag oder verträgt, sollte die Kerne und Trennhäutchen entfernen. (Vorsicht: Die Schärfe ist jetzt an den Fingern!)

2. Die Knoblauchzehen schälen und halbieren. Ingwer, Chili, Knoblauch und Olivenöl in den Mixtopf geben, Messbecher aufsetzen und alles 5 Sekunden/Stufe 6 zerkleinern. Mit dem Spatel nach unten schieben und den Vorgang eventuell wiederholen. Dann 3 Minuten/120 °C/Stufe 1,5 andünsten und mit Essig ablöschen.

3. Den Zucker dazugeben und Dressing 15 Minuten/90 °C/Stufe 2 köcheln lassen.

4. Die Limette heiß waschen, 1 TL Schale fein abraspeln und die halbe Frucht auspressen. Beides zur Sauce geben, 3 Sekunden/Stufe 2 unterrühren und Dressing mit Salz und Pfeffer abschmecken.

TIPP: Die Schärfe passt gut zu gedünstetem Mangold oder neuen Kartoffeln. Für zusätzliches Aroma können Sie auch das Innere von 1 Stängel Zitronengras klein schneiden und ab Punkt 2 mitverarbeiten.

Käse-Sahne-Dressing mit Kräutern

Für 8 Portionen • Pro Portion: 110 kcal, 2 g E, 11 g F, 1 g KH

15 g Parmesan

1 Knoblauchzehe

4 Stängel frische Kräuter (z. B. Estragon
   oder Zitronenmelisse)

1 TL scharfer Senf

2 EL Zitronensaft

1 Ei, Größe M

75 ml Olivenöl

2 EL saure Sahne oder Schmand

Salz, Pfeffer

1. Den Parmesan grob in Stücke schneiden. Die Knoblauchzehe schälen. Die Kräuter abbrausen, trocken schütteln und die Blätter von den Stängeln zupfen.

2. Parmesan, Knoblauch, Kräuter, Senf, 1 EL Zitronensaft und das aufgeschlagene Ei in den Mixtopf geben, Messbecher aufsetzen und alles 5 Sekunden/Stufe 5 zerkleinern. Mit dem Spatel nach unten schieben und den Vorgang wiederholen.

3. Den Messbecher aufsetzen, Stufe 3 einstellen und das Olivenöl am Messbecher vorbei durch die Deckelöffnung nach und nach zugießen, sodass eine cremige Sauce entsteht.

4. Die saure Sahne 5 Sekunden/Stufe 3 einrühren und das Dressing mit Salz, Pfeffer und dem restlichen Zitronensaft pikant abschmecken.

TIPP: **Gut dazu passen Romana- , Kopf- oder Eisbergsalat, Nüsse und Oliven.**

Honig-Senf-Dressing mit Orange

Für 8 Portionen • Pro Portion: 106 kcal, 0 g E, 10 g F, 4 g KH

1 Orange
25 g Honig
20 g scharfer Senf
2 EL Weißweinessig
80 ml Olivenöl
Salz, Pfeffer

1. Die Orange auspressen. Honig, Senf und Essig in den Mixtopf geben und 10 Sekunden/Stufe 3 gut verrühren.
2. Den Messbecher aufsetzen und Stufe 3 am Gerät einstellen. Das Öl am Messbecher vorbei nach und nach durch die Deckelöffnung gießen, bis eine dickliche Sauce entstanden ist.
3. 75–100 ml Orangensaft dazugeben (je nach gewünschter Konsistenz) und 5 Sekunden/Stufe 2 unterrühren. Dressing mit Salz und Pfeffer abschmecken.

TIPP: Die süßliche Sauce schmeckt wunderbar zu allen eher bitteren Salatsorten wie Radicchio, Chicorée oder Rucola.

Grüner Spargel mit Kräuterbutter und gehacktem Ei

Für 4 Portionen • Pro Portion: 311 kcal, 12 g E, 26 g F, 7 g KH

1 kg grüner Spargel

1 TL Salz

1 l Wasser

40 g frische Kräuter (z. B. Petersilie oder Schnittlauch)

100 g Butter

4 hart gekochte Eier, Größe M

1–2 EL Apfelessig

Pfeffer

1. Den Spargel – wenn nötig – im unteren Drittel schälen und die holzigen Enden abschneiden. Waschen und im Varoma und Varoma-Einlegeboden verteilen.

2. Salzwasser in den Mixtopf füllen, Varoma aufsetzen und Spargel in 30 Minuten/Varoma/Rührstufe weich dämpfen. Währenddessen die Kräuter waschen, mit Küchenkrepp trocken tupfen und die Blätter von den Stängeln zupfen.

3. Varoma abnehmen und beiseitestellen. Den Mixtopf ausleeren und abtrocknen. Die Kräuter hineingeben, Messbecher aufsetzen und 5 Sekunden/Stufe 6 zerkleinern. Mit dem Spatel nach unten schieben, die Butter in Stücke schneiden, dazugeben und 2 Minuten/80 °C/Stufe 2 schmelzen.

4. Die Eier schälen, halbieren und zusammen mit dem Essig dazugeben und 2 Sekunden/Stufe 4 hacken. Mit Salz und Pfeffer und – nach Belieben – noch mehr Essig pikant abschmecken.

5. Den Spargel auf 4 Teller verteilen und das Eier-Gemisch darauf verteilen.

Frühlingssalat mit Bärlauch und Gurke

Für 4 Portionen • Pro Portion: 141 kcal, 1 g E, 13 g F, 5 g KH

- 4 Frühlingszwiebeln
- 75 g Bärlauch
- 500 g Salat- oder Gartengurke
- 1 Zitrone
- 50 ml Olivenöl
- 1 TL Ahornsirup
- Salz, Pfeffer

1. Die Frühlingszwiebeln putzen, waschen und mit viel Grün grob zerschneiden. Bärlauch waschen, verlesen, trocken schütteln, die Stiele entfernen und Blätter grob zerschneiden. Zwiebeln und Bärlauch in den Mixtopf geben und 4 Sekunden/Stufe 4 hacken.

2. Die Gurke waschen, längs halbieren und die Kerne mit einem Löffel herausschaben. Fruchtfleisch grob in Stücke schneiden. Die Zitrone auspressen.

3. Gurke, Zitronensaft, Olivenöl, Ahornsirup, Salz und Pfeffer in den Mixtopf zum Bärlauch geben und 3 Sekunden/Stufe 4 zerkleinern. Salat gleich knackfrisch auf 4 Teller verteilen und servieren.

TIPP: Nichtveganer können zusätzlich 2–3 hart gekochte Eier oder 1 geviertelte Kugel Mozzarella unter Punkt 3 mitverarbeiten.

Quinoasalat mit Baby-spinat und Radieschen

Für 6 Portionen • Pro Portion: 159 kcal, 5 g E, 8 g F, 17 g KH

> 125 g rote Quinoa
> 300 ml Gemüsebrühe
> 1 Bund Radieschen (ca. 200 g, geputzt gewogen)
> 250 g Zucchini
> 100 g junger Blattspinat
> 150 g Cocktailtomaten
> 1 Zitrone
> 30 ml Walnussöl
> Salz, Pfeffer
> 4 Stängel Basilikum

1. Quinoa in ein Sieb geben und unter fließendem warmem Wasser gründlich waschen. Mit der Brühe in den Mixtopf geben und zugedeckt in 6 Minuten/100 °C/Stufe 2 linksdrehend aufkochen lassen. Anschließend 12–15 Minuten offen quellen lassen, bis alle Flüssigkeit aufgesogen ist. Quinoa auf 6 Gläser verteilen oder in eine Salatschüssel geben. Den Mixtopf nicht spülen.

2. Die Radieschen waschen und putzen. Die Zucchini waschen, putzen und grob in Stücke schneiden. Den Spinat waschen und verlesen. Die Tomaten waschen und halbieren oder vierteln. Die Zitrone auspressen.

3. Radieschen mit Zitronensaft und Öl in den Mixtopf geben, Messbecher aufsetzen und Radieschen 3 Sekunden/Stufe 6 zerkleinern. Spinat und Zucchini dazugeben und weitere 3 Sekunden/Stufe 4 zerkleinern. Mit Salz und Pfeffer abschmecken.

4. Das Gemüse abwechselnd mit den Tomaten auf die Quinoa in den Gläsern schichten (oder in der Salatschüssel vermischen) und Salat zugedeckt etwa 1 Stunde gut durchziehen lassen.

5. Vor dem Servieren das Basilikum waschen, trocken schütteln, die Blätter von den Stängeln zupfen und die Gläser oder Salatschüssel damit garnieren.

TIPP: Genauso gut können Sie den Salat mit Hirse, Buchweizen oder Amaranth zubereiten – oder die verschiedenen Pseudogetreide mischen.

INFO: Quinoa, auch Inka- oder Andenreis genannt, ist besonders eiweißhaltig mit relativ wenig Kalorien und Kohlenhydraten und zudem glutenfrei. Sie ist in Rot, Weiß und Schwarz (auch mal bunt gemischt) erhältlich. Die perlweißen Körner sind eher mild, die roten nussig und kerniger, die schwarzen intensiv im Geschmack und recht bissfest.

Petersiliensalat mit Bulgur und Frühlingszwiebeln

Für 4 Portionen • Pro Portion: 301 kcal, 8 g E, 12 g F, 39 g KH

4 Frühlingszwiebeln
10 Stängel glatte Petersilie
1 EL Rapsöl
200 g Bulgur
400 ml Gemüsebrühe oder Wasser
2 rote Paprikaschoten
2 Zitronen
2 EL Oliven- oder Minzöl
½ TL Kreuzkümmel
Salz, Pfeffer

1. Die Frühlingszwiebeln putzen, waschen und mit viel Grün in Stücke schneiden. Die Petersilie waschen, trocken schütteln und die Blätter von den Stängeln zupfen. Zwiebeln und ¼ der Petersilienblätter in den Mixtopf geben, Messbecher aufsetzen und alles 5 Sekunden/Stufe 5 zerkleinern. Das Öl dazugeben und Zwiebeln und Petersilie 3 Minuten/120 °C/Stufe 1,5 andünsten.

2. Bulgur in ein Sieb schütten und lauwarm abbrausen. Zu den Zwiebeln in den Topf geben und 3 Minuten/100 °C/Stufe 1,5 linksdrehend dünsten. Brühe oder Wasser zufügen und alles 15 Minuten/90 °C/Stufe 1,5 linksdrehend kochen. In eine große Schüssel umfüllen. Der Mixtopf muss nicht gespült werden.

3. In der Zwischenzeit die Paprikaschoten waschen, putzen und grob in Stücke schneiden. Die Zitronen auspressen.

4. Paprika, restliche Petersilie, Olivenöl, Kreuzkümmel, Salz und Pfeffer in den Mixtopf geben und 3 Sekunden/Stufe 5 zerkleinern.

5. Mischung zum Bulgur in die Schüssel geben. Den Zitronensaft einrühren und mit Salz, und Pfeffer pikant abschmecken. Salat im Kühlschrank durchziehen lassen oder gleich lauwarm genießen.

TIPP 1: Sie können einen Teil der Petersilie durch Minze ersetzen und dieses Aroma zusätzlich mit Minzöl (statt Olivenöl) verstärken.

TIPP 2: In türkischen Läden gibt es sehr feinen Bulgur, »Köftelik Bulgur«, den können Sie gleich in der Schüssel mit heißem Wasser übergießen und quellen lassen. Dann brauchen Sie nur noch den Gemüse-Kräuter-Mix zubereiten und untermischen.

Salat von neuen Kartoffeln mit »Mayonnaise«

Für 6 Portionen • Pro Portion: 254 kcal, 4 g E, 13 g F, 29 g KH

Für die »Mayonnaise«:

1 Knoblauchzehe

100 ml ungesüßter Mandeldrink

50 ml Apfelessig

1 TL Senf

je 1 TL Salz und Zucker

80 ml Rapsöl

Cayennepfeffer

Für den Kartoffelsalat:

1 kg neue Kartoffeln

100 ml heiße Gemüsebrühe

1 Bund Frühlingszwiebeln

1 rote Zwiebel

2 EL eingelegte Kapern

je 2 EL gehackter Dill und Petersilie

1. Die Knoblauchzehe schälen, in den Mixtopf geben, Messbecher aufsetzen und Knoblauch 3 Sekunden/Stufe 5 zerkleinern. Mit dem Spatel nach unten schieben und den Vorgang wiederholen.

2. Mandeldrink, 1 EL Essig, Senf, Salz und Zucker dazugeben und mit dem Messbecher zugedeckt 20 Sekunden/Stufe 4 vermischen.

3. Stufe 5 am Gerät einstellen und das Öl am Messbecher vorbei sehr langsam durch die Deckelöffnung hineinrinnen lassen. So lange weitermixen, bis die »Mayonnaise« die gewünschte Festigkeit erreicht hat.

4. Den restlichen Essig einrühren und Sauce mit Salz und Cayennepfeffer abschmecken. 30 Minuten ziehen lassen.

5. In der Zwischenzeit die Kartoffeln waschen, in das Garkörbchen geben und so viel Wasser in den Mixtopf füllen, dass die Kartoffeln bedeckt sind. In 20–25 Minuten/95 °C/Rührstufe weich kochen, dann abgießen, etwas abkühlen lassen, schälen und in Scheiben schneiden.

6. Kartoffeln auf 6 Teller verteilen oder in eine Salatschüssel geben und mit Brühe begießen. Die Frühlingszwiebeln putzen, waschen, in Ringe schneiden und zusammen mit den Kapern auf den Kartoffeln verteilen.

7. Dill und Petersilie waschen, trocken schütteln und hacken. Kartoffelsalat lauwarm mit Dill und Petersilie bestreut servieren und die Mayonnaise getrennt dazu reichen.

TIPP: **Nehmen Sie auch für diese vegane Mayonnaise immer neutrales Öl wie Raps- oder Sonnenblumenöl. Kalt gepresste Öle lassen die Mayo bitter schmecken.**

Mangold mit Zitronen-Rosmarin-Sauce

Für 2 Portionen als Hauptgericht (4–6 Portionen als Vorspeise) •
Pro Portion: 192 kcal, 6 g E, 15 g F, 9 g KH

1 Staude Mangold (etwa 750 g)

250 ml Wasser

1 Bund Frühlingszwiebeln

1 Knoblauchzehe

1 Stängel Rosmarin

50 ml Olivenöl

1 Bio-Zitrone

1 TL Honig

Salz, Pfeffer

grobes Meersalz

Chiliflocken nach Belieben

1. Die Mangoldstaude in Blätter teilen, gründlich waschen und trocken schütteln. Die harten Rippen keilförmig herausschneiden und in 2 cm lange Streifen schneiden. In den Varoma legen.

2. Die Blätter quer in 5 cm breite Streifen schneiden und in den Varoma-Einlegeboden geben.

3. Wasser in den Mixtopf füllen, den Varoma und den Varoma-Einlegeboden aufsetzen, zudecken und den Mangold 15 Minuten/Varoma/Rührstufe dampfgaren.

4. In der Zwischenzeit die Frühlingszwiebeln putzen, waschen und grob zerschneiden. Die Knoblauchzehe schälen. Den Rosmarinzweig waschen, trocken schütteln und die Nadeln vom Stängel zupfen.

5. Den Varoma beiseitestellen, den Mixtopf ausleeren und abtrocknen. Zwiebeln, Knoblauch und Rosmarin in den Mixtopf geben, 20 g Öl dazugeben. Messbecher aufsetzen und alles 5 Sekunden/Stufe 5 zerkleinern. Mit dem Spatel nach unten schieben und 4 Minuten/120 °C/Stufe 1,5 andünsten.

6. Die Zitrone heiß waschen und 1 EL Schale abraspeln. Die Frucht auspressen. Beides zusammen mit dem Honig und dem restlichen Öl, Salz und Pfeffer in den Mixtopf geben und 20 Sekunden/Stufe 3 gut verrühren. Messbecher!

7. Mangold komplett in den Mixtopf geben und alles 6 Sekunden/Stufe 1 linksdrehend vermischen.

8. Gemüse mit Meersalz und – nach Belieben – Chiliflocken bestreut servieren.

TIPP: Das Mangold-Gemüse passt wunderbar zu kurz gebratenem oder gegrilltem Fleisch als Beilage für 4 Portionen. Zusätzlich können Sie pro Portion 10 g Pinienkerne in einer beschichteten Pfanne ohne Fett rösten und darüberstreuen.

Rettichsalat mit Apfel

Für 4 Portionen • Pro Portion: 103 kcal, 2 g E, 7 g F, 7 g KH

1 kleine rote Zwiebel oder 2 Schalotten
2 Stängel glatte Petersilie
1 kleiner Rettich (ca. 500 g)
1 kleiner säuerlicher Apfel
2 EL Weißweinessig
2 EL Lein- oder Nussöl
Salz, Pfeffer

1. Die Zwiebel abziehen und vierteln. Die Petersilie waschen, mit Küchenkrepp trocken tupfen und die Blätter von den Stängeln zupfen. Beides in den Mixtopf geben, Messbecher aufsetzen und alles 5 Sekunden/Stufe 5 zerkleinern.

2. Den Rettich schälen, putzen und grob in Stück schneiden. Den Apfel waschen, vierteln und das Kerngehäuse entfernen. Rettich und Apfel mit den übrigen Zutaten in den Mixtopf geben und 4 Sekunde/Stufe 5 zerkleinern (Messbecher!).

3. Salat mit Salz, Pfeffer und nach Belieben noch etwas mehr Essig pikant abschmecken und servieren.

TIPP: Nichtveganer können 2 hart gekochte und gepellte Eier oder 100 g Schafskäse in Punkt 2 mitzerkleinern – das macht den Salat schön cremig.

Blumenkohlsalat mit Spinat

Für 4 Portionen • Pro Portion: 127 kcal, 6 g E, 8 g F, 6 g KH

1 kleiner Blumenkohl (ca. 500 g, geputzt gewogen)
250 g Babyspinat
500 ml Wasser
je 1 rote und gelbe Paprikaschote
3 EL Weißweinessig
2 EL Olivenöl
Salz, Pfeffer

1. Blumenkohl putzen, waschen und in Röschen teilen. In 2 Portionen im Mixtopf jeweils 4 Sekunden/Stufe 4 auf etwa Reiskorngröße zerkleinern. Dann in den Varoma schütten.

2. Den Spinat waschen, verlesen und in den Einlegeboden des Varoma legen. Wasser in den Mixtopf füllen, Varoma mit Einlegeboden aufsetzen und Blumenkohl und Spinat 18 Minuten/Varoma/Rührstufe dämpfen.

3. Anschließend Varoma abnehmen und Blumenkohl und Spinat in eine Salatschüssel geben. Den Mixtopf ausleeren.

4. Die Paprikaschoten putzen, waschen und grob zerschneiden. Zusammen mit Essig, Olivenöl, Salz und Pfeffer in den Mixtopf geben, Messbecher aufsetzen und Paprika 3 Sekunden/Stufe 4 zerkleinern.

5. Paprika zum Blumenkohl und Spinat in die Schüssel geben, untermischen und Salat nochmals mit Salz und Pfeffer abschmecken.

Kohlrabisalat mit Gurke und Dill

Für 4 Portionen • Pro Portion: 238 kcal, 5 g E, 21 g F, 8 g KH

2 Kohlrabi (ca. 400 g, geputzt gewogen)

500 g Salat- oder Gartengurke

3 Stängel Dill

150 g Joghurt

50 ml Sahne

2 EL Weißweinessig

2 EL Walnussöl

Salz, Pfeffer

1. Die Kohlrabi schälen, putzen und grob zerschneiden. In den Mixtopf geben und 3 Sekunden/Stufe 4 zerkleinern.

2. Die Gurken heiß waschen (die Schale wird mitverwendet), längs halbieren und die Kerne mit einem Löffel herausschaben. Fruchtfleisch grob zerschneiden und zum Kohlrabi geben. Den Dill waschen, trocken schütteln, die Blätter von den Stängeln zupfen und ebenfalls in den Mixtopf geben.

3. Joghurt, Sahne, Essig und Öl dazugeben und alles 3–4 Sekunden/Stufe 4 zerkleinern. Salat in eine Schüssel umfüllen, mit Salz und Pfeffer abschmecken und 10–15 Minuten durchziehen lassen.

TIPP: Sie können zusätzlich in Punkt 2 noch 1 kleinen geviertelten Apfel dazugeben. Auch gehackte und geröstete Walnüsse obenauf machen sich gut zum Nussöl.

Radieschen-Gurken-Salat mit Sour Cream

Für 4 Portionen • Pro Portion: 136 kcal, 4 g E, 10 g F, 8 g KH

1 Bund Radieschen (ca. 200 g, geputzt gewogen)

1 kleine Salatgurke

4 Frühlingszwiebeln

1 Fleischtomate

200 g Joghurt oder Schmand

2 EL Olivenöl

2 EL Zitronensaft

Salz, Pfeffer

1. Die Radieschen putzen, waschen und halbieren. Die Gurke heiß waschen (sie wird mit der Schale verwendet), längs halbieren und die Kerne mit einem Löffel herausschaben. Fruchtfleisch grob in Stücke schneiden. Die Frühlingszwiebeln putzen, waschen und grob zerschneiden. Die Tomate waschen, halbieren, die Stielansätze und Kerne entfernen und das Fruchtfleisch grob zerschneiden.

2. Die Frühlingszwiebeln in den Mixtopf geben, Messbecher aufsetzen und 5 Sekunden/Stufe 5 zerkleinern. Mit dem Spatel nach unten schieben und Joghurt, Olivenöl, Zitronensaft und die übrigen vorbereiteten Zutaten dazugeben. 3 Sekunden/Stufe 5 zerkleinern. Nach Belieben – wenn Sie das Gemüse kleiner genießen wollen – den Vorgang wiederholen.

3. Salat mit Salz und Pfeffer abschmecken und gleich servieren.

Primavera: Frühling auf Italienisch

Nicht nur Risotti sind typisch italienische Gerichte, denen man mit ein paar grünen Zutaten Frühlingsgeschmack einhauchen kann. Auch Pasta, Pesto und Pizza lassen sich die Italiener mit Kräutern, jungem Spinat und Rucola schmecken. Und mit Ihrem Thermomix® (Bimby® wird er in Italien genannt) ist das alles ganz einfach. Risotti haben quasi Gelinggarantie, Teige für Pizza oder Focaccia sind schnell geknetet, und die Pasta kann unten im Topf kochen, während oben das Gemüse dazu im Dampf liegt.

Schnelle Spaghetti mit grünem Spargel

Für 4 Portionen • Pro Portion: 464 kcal, 13 g E, 17 g F, 67 g KH

500 g grüner Spargel
1 Zweig Rosmarin
Salz
1 ½ l Wasser
1 EL Olivenöl
360 g Spaghetti, Linguine oder Maccaroni
4 EL Nussöl
grobes Meersalz
bunter Pfeffer aus der Mühle

1. Den Spargel – wenn nötig – im unteren Ende schälen und die holzigen Enden entfernen. Stangen in etwa 5 cm lange Stück schneiden, in den Varoma geben und den Rosmarinzweig dazulegen.

2. Salzwasser mit Olivenöl in den Mixtopf füllen, Varoma aufsetzen und Spargel 14 Minuten/Varoma/Rührstufe dämpfen.

3. Den Varoma abnehmen und beiseitestellen. Die Nudeln durch die Deckelöffnung in den Mixtopf geben, den Varoma wieder aufsetzen und die Nudeln nach Packungsanleitung in 10–12 Minuten/Varoma/Stufe 1 bissfest garen.

4. Die Spaghetti durch ein Sieb abgießen, auf 4 Tellern anrichten, die Spargelstücke obenauf geben und mit dem Nussöl beträufeln. Mit grobem Meersalz und buntem Pfeffer bestreut servieren.

TIPP: Da passt natürlich grob oder fein geraspelter Parmesan prima dazu – aber nur für Nichtveganer!

Risotto mit grünem Spargel

Für 4 Portionen • Pro Portion: 493 kcal, 14 g E, 20 g F, 65 g KH

75 g Parmesan

500 g grüner Spargel

2 Schalotten

2 Knoblauchzehen

1 EL Olivenöl

300 g Risottoreis (z. B. Vialone oder Arborio)

750 ml Gemüsebrühe

30 g Butter

Salz, Pfeffer

4 EL gehackte Kräuter nach Belieben

1. Den Parmesan in grobe Stücke schneiden, in den Mixtopf geben und 8 Sekunden/Stufe 8 reiben. In eine Schüssel umfüllen.

2. Den Spargel – wenn nötig – im unteren Drittel schälen, die Köpfchen abschneiden und in den Varoma legen. Die Stangen in 1 cm breite Rollen schneiden.

3. Die Schalotten und Knoblauchzehen abziehen, in den Mixtopf geben, Messbecher aufsetzen und Gemüse 5 Sekunden/Stufe 5 zerkleinern. Mit dem Spatel nach unten schieben, das Olivenöl dazugießen und Gemüse 3 Minuten/120 °C/Stufe 1,5 andünsten.

4. Reis, Gemüsebrühe und Spargelstücke in den Mixtopf geben, den Varoma aufsetzen und das Ganze 16 Minuten/Varoma/Stufe 1 linksdrehend garen.

5. Den Varoma abnehmen und beiseitestellen. Die Butter in Stücken und den geriebenen Parmesan mit dem Spatel unter den Reis heben und diesen 1 Minute quellen lassen.

6. Risotto mit Salz und Pfeffer abschmecken und auf 4 Teller verteilen. Die Spargelköpfchen in die Mitte setzen und Risotto nach Belieben mit Kräutern bestreut servieren.

TIPP: Schmeckt auch toll mit Zuckerschoten, die Sie ebenfalls klein geschnitten mit dem Reis oder im Ganzen im Varoma dämpfen können.

Spinat-Bärlauch-Risotto

Für 4 Portionen • Pro Portion: 387 kcal, 10 g E, 11 g F, 63 g KH

50 g Parmesan

30 g Bärlauch

30 g junger Spinat

1 Zwiebel

15 g Butter

300 g Risottoreis (z. B. Vialone oder Arborio)

750 ml Gemüsebrühe oder -fond

2 Stängel glatte Petersilie nach Belieben

Salz, Pfeffer

1. Den Parmesan in den Mixtopf geben und 8 Sekunden/Stufe 8 reiben. In eine Schüssel umfüllen.
2. Bärlauch und Spinat waschen, verlesen, gut abtropfen lassen und grob hacken. In den Mixtopf geben und mithilfe des Spatels 5 Sekunden/Stufe 5 zerkleinern. Eventuell den Vorgang wiederholen und Gemüse dann in eine Schüssel umfüllen. Den Mixtopf nicht reinigen.
3. Die Zwiebel abziehen, vierteln und in den Mixtopf geben. Messbecher aufsetzen und Zwiebel 5 Sekunden/Stufe 5 zerkleinern. Mit dem Spatel nach unten schieben, die Butter dazugeben und Zwiebel 3,5 Minuten/100 °C/Stufe 1,5 andünsten.
4. Reis und Gemüsebrühe in den Topf geben und 11 Minuten/100 °C/Stufe 2 linksdrehend garen. Spinat und Bärlauch mit dem Spatel unterheben und Reis weitere 5 Minuten/100 °C/Stufe 2 linksdrehend fertig kochen.
5. Die Petersilie wenn gewünscht waschen, trocken schütteln, die Blätter von den Stängeln zupfen und fein hacken.

6. Den Parmesan 5 Sekunden/Stufe 3,5 (Messbecher!) in den Reis einrühren und den Risotto 1 Minute quellen lassen. Mit Salz und Pfeffer abschmecken, auf 4 tiefe Teller oder Suppenschüsseln verteilen und mit Petersilie bestreut servieren.

Grüner Frühlingsrisotto

Für 4 Portionen • Pro Portion: 538 kcal, 20 g E, 22 g F, 63 g KH

100 g Parmesan

200 g junger Blattspinat

3 Frühlingszwiebeln

2 Knoblauchzehen

1 EL Olivenöl

200 g Romanesco (ersatzweise Brokkoli)

100 g gepalte Erbsen (ca. 300 g in Schoten)

300 g Risottoreis (z. B. Vialone oder Arborio)

750 ml Gemüsebrühe

30 g Butter

Salz, Pfeffer

1. 50 g Parmesan in grobe Stücke schneiden, in den Mixtopf geben und 8 Sekunden/Stufe 8 reiben. In eine Schüssel umfüllen. Den restlichen Parmesan mit einem scharfen Messer oder einem Käsehobel in dünne Scheiben schneiden.

2. Den Spinat waschen, verlesen und gut abtropfen lassen. Die Frühlingszwiebeln und Knoblauchzehen abziehen, Frühlingszwiebeln waschen und klein schneiden, beides in den Mixtopf geben. Messbecher aufsetzen und alles 5 Sekunden/Stufe 5 zerkleinern. Mit dem Spatel nach unten schieben, das Olivenöl dazugießen und 3 Minuten/120 °C/Stufe 1,5 andünsten.

3. Den Spinat dazugeben und 6 Sekunden/Stufe 5 zerkleinern. Den Romanesco waschen, putzen und in mundgerechte Stücke schneiden. Zusammen mit den Erbsen im Varoma verteilen.

4. Reis und Gemüsebrühe in den Mixtopf geben, den Varoma aufsetzen und das Ganze 16 Minuten/Varoma/Stufe 1 linksdrehend garen.

5. Den Varoma abnehmen und beiseitestellen. Die Butter in Stücken und den geriebenen Parmesan mit dem Spatel unterheben und Reis 1 Minute quellen lassen.

6. Risotto mit Salz und Pfeffer abschmecken und den Romanesco und die Erbsen unterheben. Risotto auf 4 Teller verteilen und mit dem gehobelten Parmesan bestreut servieren.

Dinkel-»Risotto« mit grünen Bohnen und Rucola

Für 2 Portionen • Pro Portion: 263 kcal, 12 g E, 11 g F, 28 g KH

1 Bund Frühlingszwiebeln
1 Knoblauchzehe
60 g Rucola
10 g Kokosöl
250 g Stangenbohnen
150 g Dinkelkörner
400 ml Gemüsebrühe
20 g Pinienkerne
40 g Parmesan
Salz, Pfeffer
etwas Zitronensaft

1. Die Frühlingszwiebeln, putzen, waschen und grob zerschneiden. Die Knoblauchzehe schälen. Rucola waschen, gut trocken schleudern und grob zerschneiden. Alles in den Mixtopf geben, Messbecher aufsetzen und 7 Sekunden/Stufe 5 zerkleinern. Mit dem Spatel nach unten schieben, das Kokosöl zufügen und alles 3 Minuten/100 °C/Stufe 1,5 andünsten.

2. In der Zwischenzeit die Bohnen waschen, putzen und in etwa 3 cm lange Stücke schneiden. In den Varoma legen.

3. Dinkel in ein Sieb geben und gründlich unter fließendem heißem Wasser waschen. Abtropfen lassen und mit der Gemüsebrühe in den Mixtopf geben und 15 Minuten/120 °C/Stufe 1,5 stark aufkochen lassen.

4. Den Varoma aufsetzen und alles zusammen noch 30 Minuten/100 °C/Stufe 1,5 kochen lassen, bis die Bohnen weich sind und der Dinkel bissfest ist.

5. Währenddessen die Pinienkerne in einer beschichteten Pfanne ohne Fett rösten. Den Parmesan fein reiben.

6. Den Varoma abnehmen und beiseitestellen. Den Parmesan mit dem Spatel unter den Dinkel heben und schmelzen lassen. Dinkel mit Salz, Pfeffer und Zitronensaft abschmecken.

7. Die Bohnen dazugeben und 30 Sekunden/Stufe 2 linksdrehend untermischen. Dinkel-»Risotto« auf 2 Teller verteilen und mit den Pinienkernen bestreut servieren.

Pasta mit Zuckerschoten

Für 4 Portionen • Pro Portion: 434 kcal, 16 g E, 12 g F, 63 g KH

200 g Zuckerschoten

250 g Brokkoli

100 g Stangenbohnen

Salz

1 l Wasser

300 Penne oder Farfalle nach Belieben

100 ml Crème double

2 EL Schnittlauch in Röllchen

bunter Pfeffer aus der Mühle

1. Die Zuckerschoten waschen und eventuell die Fäden an den »Nähten« der Schoten entfernen. Die Brokkoli-Röschen abschneiden (Stiele anderweitig verwenden) und waschen. Die Bohnen waschen, putzen und in 3 cm lange Stücke schneiden.

2. Zuckerschoten und Brokkoli in den Varoma legen. Salzwasser in den Mixtopf füllen, Varoma aufsetzen und Gemüse in 7–8 Minuten/Varoma/Rührstufe zum Kochen bringen.

3. Den Varoma abnehmen und beiseitestellen. Bohnen und Teigware ins kochende Wasser geben, Varoma wieder aufsetzen und die Nudeln nach Packungsanleitung in 10–12 Minuten/100 °C/Stufe 0,5 linksdrehend weich kochen.

4. Die Penne und die Bohnen durch das Garkörbchen oder ein Sieb abgießen, abtropfen lassen und auf 4 Teller verteilen. Zuckerschoten und Brokkoli darauf verteilen, die Crème double darüberlöffeln, mit Schnittlauch bestreuen und mit buntem Pfeffer übermahlen.

TIPP: Reichen Sie etwas fein geriebenen Parmesan, Grana Padano oder alten Pecorino dazu. Wenn Ihnen Crème double zu gehaltvoll erscheint: Frischkäse von Kuh, Schaf oder Ziege passt auch gut zum zarten Grün.

One-Pot-Pasta mit grünem Spargelpesto

Für 4 Portionen • Pro Portion: 529 kcal, 22 g E, 16 g F, 75 g KH

500 g grüner Spargel

1 TL Salz

1 ½ l Wasser + 800 ml

75 g Bergkäse

10 Stängel glatte Petersilie

5 Stängel Basilikum

2 Knoblauchzehen

75 g Cashewkerne

1 Bio-Zitrone

75 ml Olivenöl

Salz, Pfeffer

360 g Spaghetti

1. Den Spargel – wenn nötig – im unteren Drittel dünn abschälen und die holzigen Enden abschneiden. Von oben 5 cm mit den Spargelköpfchen und weitere 5 cm vom Schaft abschneiden und beiseitelegen. Den übrigen Spargel grob hacken und in das Garkörbchen legen.

2. 1 ½ l Wasser mit Salz in den Mixtopf füllen und in 10 Minuten/Varoma/Rührstufe zum Kochen bringen. Das Garkörbchen einhängen und die Spargelstücke 3 Minuten/Varoma/Rührstufe blanchieren. Herausnehmen und eiskalt abschrecken. Den Mixtopf ausleeren und abtrocknen.

3. 50 g Bergkäse in den Mixtopf geben, Messbecher aufsetzen und 8 Sekunden/Stufe 8 reiben. Petersilie und Basilikum waschen, trocken schütteln, die Blättchen von den Stängeln zupfen und mit den Spargelstücken aus dem Garkörbchen zum Käse geben. Die Knoblauchzehen schälen und ebenfalls dazugeben.

4. Die Cashewkerne – nach Belieben – in einer beschichteten Pfanne ohne Fett rösten. Die Zitrone heiß waschen, die Schale abraspeln und die Frucht auspressen.

5. Cashewkerne, Zitronenschale, 3 EL Zitronensaft und Öl in den Mixtopf geben, Messbecher aufsetzen und alles zusammen 25 Sekunden/Stufe 7 zu einer cremigen Paste verarbeiten. In eine Schüssel umfüllen und mit Salz und Pfeffer abschmecken.

6. Den Mixtopf nach Belieben ausspülen – wird er nicht gespült, werden die Spaghetti grün. 800 ml Wasser mit 1 TL Salz einfüllen und in 6 Minuten/120 °C/ Rührstufe zum Kochen bringen. Stufe 1 linksdrehend am Gerät einstellen, die restlichen Spargelstücke und Spaghetti durch die Deckelöffnung in den Mixtopf geben. Nudeln in 9–12 Minuten je nach Packungsanleitung bissfest garen.

7. Den restlichen Käse mit einem scharfen Messer in Flocken schneiden. Pasta mit Spargel auf 4 Teller verteilen, Spargelpesto darüberlöffeln und mit Käseflocken bestreut servieren.

TIPP: Auch Macadamia oder Walnüsse passen gut zum grünen Spargel und können zu Pesto verarbeitet werden. Besonders aromatisch: immer das jeweilige Öl dazu verwenden!

Rucola-Pizza

Für 2 Portionen • Pro Portion: 689 kcal, 25 g E, 33 g F, 74 g KH

Für den Teig:
175 g Weizenmehl (Type 550)
je ½ TL Salz und Zucker
100 ml lauwarmes Wasser
½ Würfel frische Hefe (ersatzweise 8 g Trockenhefe)
1 EL Olivenöl
etwas Öl für die Schüssel
etwas Mehl für die Arbeitsfläche

Für den Belag:
300 g Tomaten
1 kleine Zwiebel
1 Knoblauchzehe
2 EL Olivenöl
30 g Tomatenmark
50 ml Gemüsebrühe oder Wasser
Salz, Pfeffer
50 g Parmesan oder Pecorino
100 g Rucola

1. Alle Zutaten für den Teig in den Mixtopf geben und 2 Minuten/Knetstufe zu einem glatten Teig verkneten. In eine leicht mit Öl gefettete Schüssel umfüllen, mit Folie abdecken und an einem warmen Ort gehen lassen, bis sich das Volumen etwa verdoppelt hat.

2. Währenddessen für die Tomatensauce die Tomaten waschen, halbieren und die Stielansätze entfernen. Etwa 100 g der Tomaten beiseitestellen. Zwiebel abziehen und vierteln. Knoblauchzehe schälen.

3. Zwiebel und Knoblauch mit 1 EL Öl in den Mixtopf geben, Messbecher aufsetzen und Gemüse 5 Sekunden/Stufe 5 zerkleinern. Tomaten, Tomatenmark und Brühe dazugeben und alles 20 Minuten/100 °C/Stufe 2 einkochen lassen. Mit Salz und Pfeffer abschmecken.

4. Den Backofen auf 240 °C Ober-/Unterhitze (Umluft 220 °C) vorheizen. Parmesan mit einem scharfen Messer in dünne Scheiben schneiden. Rucola waschen, trocken schleudern und putzen.

5. Backpapier für 1 große Pizza (ca. 30 cm Durchmesser) zuschneiden und leicht mit Mehl bestäuben. Den Teig auf der bemehlten Arbeitsfläche durchkneten; wenn er klebt, noch etwas Mehl zugeben. Teig auf dem Backpapier ausrollen und dieses dann auf ein Backblech ziehen.

6. Pizza mit der Tomatensauce bestreichen und mit den restlichen Tomaten und Parmesan belegen. 15 Minuten im Ofen backen, dann den Rucola darauf verteilen und in 5 Minuten fertig backen. Mit dem restlichen Olivenöl beträufelt servieren.

TIPP: Wer kennt sie nicht – Salsiccia, die würzige italienische Wurst. In dünne Scheiben geschnitten harmoniert sie wunderbar mit dem Rucola und kommt auch gleichzeitig mit diesem auf die Pizza.

Frühlingspizza mit Spinat und Erbsen

Für 1 Blech (8 Stück) • Pro Stück: 312 kcal, 13 g E, 12 g F, 40 g KH

½ Würfel frische Hefe

Salz

1 TL Zucker

250 ml lauwarmes Wasser

400 g Weizenmehl (Type 550)

2 EL Olivenöl

250 g Erbsen in Schoten

200 g Blattspinat

2 Kugeln Mozzarella

2 EL Tomatenmark

5 Stängel Basilikum

1 l Wasser

etwas Mehl für die Arbeitsfläche

schwarzer Pfeffer aus der Mühle

1. Hefe, Salz, Zucker und Wasser in den Mixtopf geben und 20 Sekunden/Stufe 2 mischen, bis sich die Hefe aufgelöst hat. Das Mehl und Olivenöl dazugeben und 2 Minuten/Knetstufe zu einem glatten Teig verarbeiten. Teig in eine Schüssel umfüllen und zugedeckt etwa 1 Stunde an einem warmen Ort gehen lassen. Den Mixtopf nicht spülen.

2. In der Zwischenzeit die Erbsen auspalen. Den Spinat waschen, gut abtropfen lassen und verlesen. Mozzarella abtropfen lassen und in dünne Scheiben schneiden. Das Tomatenmark in einer kleinen Schüssel mit etwas Wasser flüssig rühren. Basilikum waschen, trocken schütteln und die Blätter von den Stängeln zupfen.

3. Den Backofen auf 220 °C Ober-/Unterhitze (Umluft 200 °C) vorheizen. Wasser in den Mixtopf geben. Erbsen und Spinat in das Garkörbchen geben, Garkörbchen einhängen und Gemüse 15 Minuten/Varoma vorgaren. Anschließend herausnehmen und mit kaltem Wasser abbrausen (dadurch behalten die Erbsen ihre schöne Farbe).

4. Ein Stück Backpapier in Größe des Backblechs zuschneiden, mit Mehl bestäuben, den Pizzateig darauf ausrollen und auf das Backblech ziehen.

5. Das Tomatenmark auf dem Teig verstreichen und Pizza mit den übrigen vorbereiteten Zutaten belegen. Mit Pfeffer übermahlen und im vorgeheizten Backofen auf der unteren Schiene 15–20 Minuten knusprig backen.

Focaccia mit Basilikum und Rucola

Für 8 Portionen • Pro Portion: 413 kcal, 10 g E, 20 g F, 48 g KH

Für den Teig:
500 g Weizenmehl (Type 550)
1 Päckchen Trockenhefe
300 ml lauwarmes Wasser
100 ml Olivenöl
je 1 TL Zucker und Salz
etwas Mehl zum Bestäuben

Für den Belag:
150 g Rucola
50 g Basilikum
2 EL Olivenöl
200 g Ricotta

1. Mehl, Hefe, Wasser, 75 ml Olivenöl, Zucker und Salz in den Mixtopf geben und 3 Minuten auf Knetstufe zu einem eher klebrigen Teig verkneten. In eine Schüssel umfüllen und zugedeckt 1 Stunde gehen lassen, bis sich das Volumen verdoppelt hat.

2. Ein Backblech mit 1 EL Olivenöl einfetten. Die Arbeitsfläche mit Mehl bestäuben und aus dem Teig 2 oder 4 ovale Fladen formen und auf das Backblech geben. Mit einer Gabel mehrmals einstechen und nochmals 30 Minuten gehen lassen.

3. Den Mixtopf säubern. Rucola und Basilikum waschen, abtropfen lassen und verlesen. 100 g Rucola, Basilikum und Olivenöl in den Mixtopf geben, Messbecher aufsetzen und 2 x 5 Sekunden/Stufe 6 zu einem Pesto zerkleinern. Dazwischen mit dem Spatel nach unten schieben. Den Vorgang eventuell wiederholen, bis das Pesto die gewünschte Cremigkeit hat.

4. Den Backofen auf 200 °C Ober-/Unterhitze (Umluft 180 °C) vorheizen, die Fladen mit dem restlichen Olivenöl bestreichen und ca. 20 Minuten hellgelb backen.

5. Ricotta cremig rühren und zusammen mit dem Pesto auf den Fladen verteilen und 10 Minuten weiterbacken, bis die Ränder goldgelb sind.

6. Focaccia mit den restlichen Rucolablättern bestreut heiß oder lauwarm servieren.

Mangold-Frittata

Für 4 Portionen • Pro Portion: 407 kcal, 17 g E, 27 g F, 22 g KH

400 g festkochende Kartoffeln

300 g Mangold

1 l Wasser

1 weiße Zwiebel

10 g Butter

150 ml Sahne

75 g Frischkäse

6 Eier, Größe M

Salz, Pfeffer

200 g Cocktailtomaten

etwas Fett für die Form

1. Die Kartoffeln schälen, waschen, in Scheiben oder Würfel schneiden und in das Garkörbchen geben. Den Mangold waschen, putzen, halbieren und in den Einlegeboden des Varoma legen.

2. Wasser in den Mixtopf füllen, Garkörbchen einhängen, Varoma aufsetzen und das Gemüse 20 Minuten/Varoma/Rührstufe weich kochen. Beiseitestellen und Mixtopf ausleeren und abtrocknen.

3. Den Backofen auf 180 °C Ober-/Unterhitze (Umluft 160 °C) vorheizen. Die Zwiebel abziehen und vierteln. In den Mixtopf geben, Messbecher aufsetzen und Zwiebel 5 Sekunden/Stufe 5 zerkleinern. Mit dem Spatel nach unten schieben, die Butter dazugeben und Zwiebel 4 Minuten/100 °C/Stufe 1,5 andünsten.

4. Sahne, Frischkäse, Eier, Salz und Pfeffer dazugeben und 25 Sekunden/Stufe 3 verrühren. Die Tomaten waschen, abtropfen lassen und halbieren.

5. Kartoffeln und Mangold abwechselnd in eine leicht gefettete Form (ca. 20–25 cm) schichten, mit der Eiermasse begießen und mit den Tomaten belegen.

6. Frittata 20–25 Minuten im vorgeheizten Backofen stocken lassen, bis die Oberfläche schön goldgelb ist.

TIPP: Dazu schmeckt ein frischer grüner Salat. Sie können die Frittata aber auch lauwarm oder kalt als Vorspeise oder – in Quadrate geschnitten – als Fingerfood reichen.

Crespelle mit Spinat und Ricotta

Für 4 Portionen • Pro Portion: 484 kcal, 20 g E, 25 g F, 46 g KH

Für die Crespelle:
200 g Weizenmehl (Type 550)
500 ml Milch
2 Eier, Größe M
Salz
8 TL Butter

Für die Füllung:
500 g junger Blattspinat
2 Schalotten
1–2 Knoblauchzehen
1 EL Olivenöl
200 g Ricotta
Salz, Pfeffer

1. Mehl, Milch, Eier und 1 Prise Salz in den Mixtopf geben, Messbecher aufsetzen und alles in 20 Sekunden/Stufe 4 zu einem glatten Teig rühren. In eine Schüssel umfüllen und 20 Minuten quellen lassen. Den Mixtopf spülen und abtrocknen.

2. Den Spinat waschen, verlesen und grob hacken. Schalotten und Knoblauch abziehen und halbieren.

3. Schalotten und Knoblauch mit dem Olivenöl in den Mixtopf geben, Messbecher aufsetzen und Gemüse 5 Sekunden/Stufe 5 zerkleinern. Mit dem Spatel nach unten schieben und 3 Minuten/120 °C/Stufe 1,5 andünsten. Den tropfnassen Spinat dazugeben und 3 Minuten/80 °C/Stufe 2 linksdrehend dünsten.

4. Den Ricotta 8 Sekunden/Stufe 3 linksdrehend unterrühren und die Masse mit Salz und Pfeffer abschmecken.

5. In einer beschichteten Pfanne aus dem Teig nacheinander mit jeweils 1 TL Butter 8 dünne Crespelle backen.

6. Die Füllung auf den Crespelle verteilen, die Fladen aufrollen und warm oder kalt servieren.

TIPP: Sie können die aufgerollten Crespelle auch in eine leicht gefettete Auflaufform legen, mit in dünne Scheiben geschnittenem Mozzarella belegen und im vorgeheizten Backofen (200 °C Ober-/Unterhitze, Umluft 180 °C) 12 Minuten überbacken, bis der Käse geschmolzen und goldgelb ist.

Gemüse solo und mit Begleitung

Leichte Gerichte haben im Frühjahr Saison! Nach den wärmenden Ein-
töpfen und deftigen Kohlgerichten des Winters gesellen sich Geflügel und Fisch zu den frischen Gemüsen. Dafür können
Sie die drei Etagen Ihres Thermomix® voll ausnützen.
Zu Frühlingsbeginn ist die Auswahl an frischem Gemüse aus der Region noch gering, die ersten Boten
sind Babyspinat, Spargel und neue Kartoffeln –
zum Ende hin kommen aber immer mehr Sorten
dazu, die dann schon den Sommer ahnen lassen, zum Beispiel Blumenkohl und Mangold.

Linsendal mit Babyspinat

Für 4 Portionen • Pro Portion: 258 kcal, 16 g E, 9 g F, 29 g KH

300 g Babyspinat
1 Zwiebel
1 Knoblauchzehe
15 g Kokosöl
1 EL Madras-Currypulver
1 getrocknete Peperonischote
    oder ½ TL Peperoncino-Gewürz
200 g gelbe Linsen
800 ml Gemüsebrühe
Salz, Pfeffer

1. Den Spinat waschen, verlesen und tropfnass in den Varoma legen.
2. Die Zwiebel abziehen und vierteln. Den Knoblauch schälen. Beides in den Mixtopf geben, Messbecher aufsetzen und Gemüse 5 Sekunden/Stufe 5 zerkleinern. Mit dem Spatel nach unten schieben, das Kokosöl dazugießen und alles 4 Minuten/120 °C/Stufe 1 andünsten.
3. Curry, Peperonischote oder Peperoncino-Gewürz, Linsen und Brühe dazugeben und den Varoma mit dem Spinat aufsetzen. Das Ganze 25 Minuten/Varoma/Stufe 1 linksdrehend kochen.
4. Den Varoma abnehmen und den Spinat zu den Linsen geben. 10 Sekunden/Stufe 2 linksdrehend unterrühren. Linsendal mit Salz und Pfeffer abschmecken und auf 4 Teller verteilen.

INFO: **Dal (auch Daal oder Dhal) bezeichnet ein indisches bzw. pakistanisches Hülsenfruchtgericht, bei dem die Linsen, Bohnen oder Kichererbsen sehr weich, fast breiartig zerkocht werden.**

Spinatküchlein

Für 4 Portionen • Pro Portion: 438 kcal, 13 g E, 32 g F, 23 g KH

300 g frischer Spinat
4 Frühlingszwiebeln
1–2 Knoblauchzehen
3 EL Rapsöl
200 g Ricotta
2 Eier, Größe M
75 g Semmelbrösel
Salz, Pfeffer
30 g Weizenmehl (Type 405 oder 550)

1. Den Spinat waschen und verlesen. Die Frühlingszwiebeln putzen, waschen und grob zerschneiden. Die Knoblauchzehen schälen.

2. Zwiebeln und Knoblauch mit 1 EL Rapsöl in den Mixtopf geben, Messbecher aufsetzen und Gemüse 5 Sekunden/Stufe 5 zerkleinern. Mit dem Spatel nach unten schieben und den Vorgang wiederholen. Dann 3 Minuten/120 °C/Stufe 1,5 andünsten.

3. Den Spinat dazugeben, mithilfe des Spatels 35 Sekunden/Stufe zerkleinern und 3 Minuten/100 °C/Stufe 2 dünsten.

4. Ricotta, Eier und Semmelbrösel dazugeben und 5 Sekunden/Stufe 4 vermischen. In eine Schüssel umfüllen und mit Salz und Pfeffer würzen.

5. Das Mehl auf einem Teller ausbreiten. Mit feuchten Händen aus dem Teig 8 Küchlein formen und im Mehl wenden.

6. Das restliche Öl in einer großen beschichteten Pfanne mild erhitzen und die Küchlein von jeder Seite 4–5 Minuten goldbraun braten. Auf Küchenkrepp abtropfen lassen und noch warm servieren.

TIPP: Zu den Küchlein passt gut Kräuterkäse mit Radieschen (Seite 27) oder Grüne Sauce Frankfurter Art (Seite 34).

Gedämpfter Blumenkohl mit Kräutern

Für 4 Portionen • Pro Portion: 124 kcal, 3 g E, 8 g F, 10 g KH

1 Blumenkohl (ca. 1,2 kg)
1 TL Salz
1 l Wasser
je 25 g Dill und Petersilie (oder andere
frische Kräuter nach Belieben)
2 Scheiben Toastbrot
2 EL Olivenöl
Meersalz, bunter Pfeffer

1. Den Blumenkohl von den grünen Blättern und dem Strunk befreien, in Röschen teilen und waschen. Dann in den Varoma legen.

2. Salzwasser in den Mixtopf füllen, Varoma aufsetzen und Blumenkohl in 25–30 Minuten/Varoma/Rührstufe weich kochen.

3. In der Zwischenzeit die Kräuter waschen, trocken schütteln, die Blätter von den Stängeln zupfen und hacken.

4. Das Toastbrot in Würfel schneiden und in einer beschichteten Pfanne im Olivenöl knusprig braten.

5. Den Blumenkohl auf 4 Teller verteilen und die Kräuter und Croûtons darauf verteilen. Mit Salz und buntem Pfeffer bestreut servieren.

Gefüllte Kohlrabi

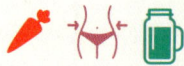

Für 4 Portionen • Pro Portion: 150 kcal, 7 g E, 8 g F, 12 g KH

---

4 mittelgroße junge Kohlrabi
1 l Wasser
150 g Möhren
1 Bund Frühlingszwiebeln
200 g Champignons
4 Stängel Petersilie
2 EL Rapsöl
150 ml Gemüsebrühe
Salz, Pfeffer

---

1. Kohlrabi schälen (die zarten grünen Blätter waschen und beiseitelegen), an der Oberseite jeweils eine ca. 1 ½ cm dicke Scheibe abschneiden, diese grob zerkleinern und ebenfalls beiseitelegen. Die Kohlrabi in den Varoma setzen.

2. Wasser in den Mixtopf füllen, Varoma aufsetzen und Kohlrabi in 30–35 Minuten/Varoma/Rührstufe weich dämpfen.

3. In der Zwischenzeit die Möhren schälen, putzen und grob zerschneiden. Die Frühlingszwiebeln putzen, waschen und mit viel dunklem Grün zerschneiden. Die Champignons mit Küchenkrepp abreiben und putzen. Die Petersilie waschen, trocken schütteln und die Blättchen von den Stängeln zupfen.

4. Den Backofen auf 200 °C Ober-/Unterhitze (Umluft 180 °C) vorheizen. Varoma abnehmen, Kohlrabi etwas auskühlen lassen, aushöhlen und in eine mit 1 EL Öl gefettete Auflaufform setzen. Mixtopf ausleeren und abtrocknen.

5. Frühlingszwiebeln und Petersilie in den Mixtopf geben, Messbecher aufsetzen und alles 5 Sekunden/Stufe 5 zerkleinern. Das restliche Öl dazugeben und Zwiebeln 3 Minuten/120 °C/Stufe 1,5 andünsten.

6. Möhren, Champignons, die beiseitegelegten Kohlrabistücke, die Reste vom Aushöhlen, Kohlrabiblätter und Brühe dazugeben, Messbecher aufsetzen und Gemüse 4 Sekunden/Stufe 5 zerkleinern. Mit dem Spatel nach unten schieben und 8 Minuten/100 °C/Stufe 2 weich kochen. Mit Salz und Pfeffer abschmecken.

7. Die Kohlrabi mit der Masse füllen und 10 Minuten im vorgeheizten Backofen überbacken.

TIPP: Gut machen sich auch 80 g geriebener Gouda oder Gruyère obenauf. Vor dem Überbacken einfach über die Füllung streuen.

Neue Kartoffeln mit Zaziki

Für 4 Portionen • Pro Portion: 406 kcal, 11 g E, 18 g F, 47 g KH

5 Stängel Dill oder glatte Petersilie

2–3 Knoblauchzehen

1 Salatgurke

200 g griechischer Joghurt (10 % Fett)

200 g Quark (20 % Fett)

½ Zitrone

Salz, Pfeffer

3 EL Olivenöl

1 kg neue Kartoffeln

1 l Wasser

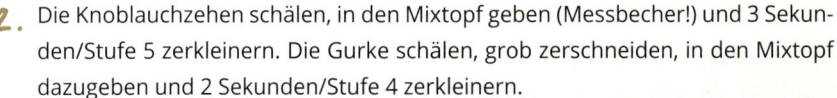

1. Den Dill waschen, trocken schütteln und die Blätter von den Stängeln zupfen. In den Mixtopf geben, Messbecher aufsetzen und Dill 3 Sekunden/Stufe 5 zerkleinern. Mit dem Spatel nach unten schieben, den Vorgang wiederholen und die Hälfte der Kräuter in eine Schüssel umfüllen.

2. Die Knoblauchzehen schälen, in den Mixtopf geben (Messbecher!) und 3 Sekunden/Stufe 5 zerkleinern. Die Gurke schälen, grob zerschneiden, in den Mixtopf dazugeben und 2 Sekunden/Stufe 4 zerkleinern.

3. Joghurt und Quark zufügen und 7 Sekunden/Stufe 2 linksdrehend vermischen. Mit Zitronensaft, Salz und Pfeffer abschmecken, in eine Schüssel umfüllen, 1 EL Olivenöl darübergeben und zugedeckt ziehen lassen.

4. Die Kartoffeln waschen und mit einer Bürste reinigen oder schälen. In den Varoma legen. Wasser in den Mixtopf füllen, Varoma aufsetzen und die Kartoffeln in 30–40 Minuten/Varoma/Rührstufe weich kochen.

5. Die Kartoffeln in eine Schüssel geben und mit dem restlichen Olivenöl begießen und mit den restlichen Kräutern bestreut servieren. Die Sauce getrennt dazu reichen.

Erbsenpüree mit Minze

Für 4 Portionen • Pro Portion: 241 kcal, 8 g E, 10 g F, 30 g KH

1 kg frische Erbsen in Schoten
500 g Kartoffeln
2 Stängel Minze
3 Schalotten
2 Knoblauchzehen
2 EL Olivenöl
300 ml Gemüsebrühe oder -fond
Salz, Pfeffer
2 EL Minzöl oder Olivenöl nach Belieben

1. Die Erbsen palen und die Hälfte davon in den Varoma geben. Die Kartoffeln schälen, waschen und vierteln. Die Minze waschen, trocken schütteln und die Blätter von den Stängeln zupfen.

2. Die Schalotten und die Knoblauchzehen abziehen, zusammen mit dem Olivenöl in den Mixtopf geben, den Messbecher aufsetzen und Gemüse 5 Sekunden/ Stufe 5 zerkleinern. Dann 3 Minuten/120 °C/Stufe 1,5 andünsten.

3. Die Kartoffeln dazugeben und 6 Sekunden/Stufe 5 zerkleinern. Die restlichen Erbsen und die Minzeblätter dazugeben und die Gemüsebrühe angießen. Den Varoma aufsetzen und das Ganze 15 Minuten/100 °C/Stufe 0,5 linksdrehend garen. Zwischendurch 1–2 Mal mit dem Spatel nach unten schieben und eventuell noch etwas Flüssigkeit nachfüllen.

4. Den Varoma abnehmen und beiseitestellen. Das Gemüse im Mixtopf 10 Sekunden/Stufe 6 pürieren und mit Salz und Pfeffer abschmecken.

5. Püree in eine Schüssel geben oder auf 4 Teller verteilen und mit den restlichen Erbsen bestreut servieren. Nach Belieben mit Minz- oder Olivenöl beträufeln.

TIPP: **Sehr lecker sind dazu kleine Lammkoteletts. 2 Stücke pro Person treiben Ihre Kalorienbilanz allerdings in die Höhe: 607 kcal/Portion**

Dicke Bohnen mit Pilzen

Für 4 Portionen • Pro Portion: 325 kcal, 17 g E, 19 g F, 22 g KH

1 kg frische dicke Bohnen

300 g weiße oder grüne Stangenbohnen

1 große rote Zwiebel

2 Knoblauchzehen

200 g Möhren

je 2 Stängel Thymian und Petersilie

60 g Parmesan

1 EL Olivenöl

50 g getrocknete Tomaten

100 ml Gemüsebrühe

250 g Kräutersaitlinge

15 g Butter

Salz, Pfeffer

weißer Balsamessig
   nach Belieben

1. Die Bohnen palen und ins Garkörbchen legen. Die Stangenbohnen putzen, waschen und in etwa 3 cm lange Stücke schneiden.

2. Zwiebel und Knoblauchzehen abziehen, Zwiebel vierteln. Die Möhren schälen, putzen, waschen und grob in Stücke schneiden. Thymian und Petersilie waschen und trocken schütteln.

3. Den Parmesan in groben Stücken in den Mixtopf geben, den Messbecher aufsetzen und Käse 10 Sekunden/Stufe 8 reiben. In eine kleine Schüssel umfüllen.

4. Zwiebel und Knoblauch in den Mixtopf geben, Messbecher aufsetzen und 3 Sekunden/Stufe 5 zerkleinern. Das Öl dazugeben und alles 3 Minuten/120 °C/Stufe 1,5 andünsten. Möhren und getrocknete Tomaten dazugeben und 3 Sekunden/Stufe 5 zerkleinern.

5. Die Stangenbohnen, Brühe und Kräuter in den Topf geben, das Garkörbchen mit den dicken Bohnen einhängen und das Ganze zugedeckt 25–30 Minuten/100 °C/Stufe 0,5 linksdrehend garen, bis das Gemüse weich ist.

6. Gegen Ende der Garzeit die Pilze mit Küchenkrepp säubern und in mundgerechte Stücke schneiden. Die Butter in einer kleinen beschichteten Pfanne stark erhitzen und die Pilze unter Rühren etwa 3 Minuten goldgelb anbraten.

7. Die Kräuter aus dem Mixtopf fischen und die dicken Bohnen unterheben. Die Suppe mit Salz, Pfeffer und nach Belieben einem Schuss Balsamessig abschmecken. Auf 4 Teller verteilen, die Pilze obenauf geben und den Parmesan getrennt dazu reichen.

INFO: Kräutersaitlinge bekommen Sie das ganze Jahr über, denn sie lassen sich gut züchten. Ihr Geschmack erinnert ein wenig an Kräuter und an Steinpilze, mit denen Sie das Gericht natürlich auch zubereiten können.

Curry-Spinat mit Hähnchenbrust

Für 4 Portionen • Pro Portion: 268 kcal, 14 g E, 21 g F, 6 g KH

200 g Hähnchenbrustfilet

250 g Blattspinat

1 l Wasser

1 Zwiebel

2 Knoblauchzehen

1 Stück Ingwer (walnussgroß)

1 EL Rapsöl

400 ml Gemüsebrühe

1–2 EL Currypaste oder -pulver

2 TL Kurkuma

400 ml Kokosmilch (fettreduziert)

Salz

etwas Limetten- oder Zitronensaft nach Belieben

½–1 TL Chiliflocken

1. Das Hähnchenbrustfilet von Sehnen befreien und in etwa 1 ½ cm breite Scheiben schneiden. In das Garkörbchen legen.

2. Den Spinat gründlich waschen, verlesen und putzen. Grob hacken und in den Varoma legen.

3. Wasser in den Mixtopf füllen, Garkörbchen einhängen und Varoma aufsetzen. Hähnchen und Spinat 25 Minuten/Varoma/Rührstufe dünsten. Anschließend beiseitestellen. Mixtopf ausleeren und abtrocknen.

4. Zwiebel abziehen und vierteln. Knoblauchzehen und Ingwer schälen. Ingwer grob zerschneiden. Zwiebel, Knoblauch und Ingwer mit dem Öl in den Mixtopf geben, Messbecher aufsetzen und 5 Sekunden/Stufe 5 zerkleinern. Mit dem Spatel nach unten schieben und 3 Minuten/120 °C/Stufe 1,5 andünsten.

5. Gemüsebrühe, Curry und Kurkuma dazugeben, und 15 Minuten/100 °C/Stufe 1 kochen lassen. Kokosmilch, Hähnchenfleisch und Spinat in die Brühe geben und in 5 Minuten/80 °C/Stufe 2 linksdrehend erwärmen.

6. Mit Salz und – nach Belieben – Limettensaft abschmecken, auf 4 Tellern anrichten und mit Chiliflocken bestreut servieren.

Mangold mit gedünstetem Huhn

Für 4 Portionen • Pro Portion: 240 kcal, 28 g E, 12 g F, 5 g KH

---

1 große Gemüsezwiebel
1 Staude Mangold (ca. 1 kg)
2 Hähnchenbrustfilets
Salz, Pfeffer
1 EL Rapsöl
250 ml Gemüsebrühe
4 Stängel Thymian

---

1. Die Zwiebel abziehen und vierteln. Mangold in Blätter teilen, gründlich unter fließendem Wasser waschen und trocken schütteln. Die Stiele keilförmig heraustrennen und grob zerschneiden. Die Blätter quer in etwa 5 cm breite Streifen schneiden und im Varoma verteilen.

2. Die Hähnchenbrustfilets in mundgerechte Stücke schneiden, salzen und pfeffern und in den Einlegeboden des Varoma legen.

3. Zwiebel, Mangoldstiele und Öl in den Mixtopf geben, Messbecher aufsetzen und Gemüse 6 Sekunden/Stufe 5 zerkleinern. Mit dem Spatel nach unten schieben und 3 Minuten/120 °C/Stufe 1,5 andünsten.

4. Die Brühe angießen und den Varoma mit Einlegeboden aufsetzen. Das Ganze 23 Minuten/Varoma/Stufe 1 dünsten.

5. Thymian waschen, mit Küchenkrepp trocken tupfen und die Blättchen von den Stängeln streifen.

6. Den Varoma abnehmen, das Mangoldgemüse auf 4 tiefe Teller verteilen und mit der Zwiebelbrühe begießen. Die Hähnchenwürfel obenauf geben und mit Thymian bestreut servieren.

Hähnchenfrikassee mit Spargel, Champignons und Reis

Für 4 Portionen • Pro Portion: 483 kcal, 32 g E, 16 g F, 52 g KH

250 g Langkornreis (z. B. Basmati)

500 g weißer Spargel

2 Hähnchenbrustfilets

Salz, Pfeffer

1 l Wasser

150 g braune Champignons

100 g Salatgurke

40 g Butter

½ Zitrone

1–2 Zweige glatte Petersilie oder Basilikum

1. Den Reis ins Garkörbchen geben und unter fließendem Wasser waschen. Den Spargel großzügig schälen und die holzigen Enden abschneiden. In etwa 5 cm lange Stücke schneiden und auf dem Einlegeboden des Varoma verteilen.

2. Die Hähnchenbrustfilets in 2 cm breite Streifen schneiden und kräftig salzen und pfeffern. Im Varoma verteilen.

3. Salzwasser in den Mixtopf füllen, Garkörbchen einhängen und Varoma mit Einlegeboden aufsetzen. Das Ganze 22 Minuten/Varoma/Garstufe dämpfen.

4. In der Zwischenzeit die Champignons mit Küchenkrepp abreiben und die Stielchen abschneiden. Champignons in Scheiben schneiden. Das Stück Salatgurke waschen, halbieren und in ½ cm dicke Scheiben schneiden.

5. Butter in einer beschichteten Pfanne erhitzen und Champignon- und Gurken-Scheiben unter Rühren leicht anbraten. Die Zitrone auspressen und die Champignons mit dem Saft ablöschen. Mit Salz und Pfeffer abschmecken. Petersilie oder Basilikum waschen, trocken tupfen und die Blätter von den Stängeln zupfen.

6. Varoma abnehmen und beiseitestellen. Den Reis mit einer Gabel auflockern und auf 4 Teller verteilen. Spargel und Hähnchenstreifen daraufgeben, das Champignons-Gurken-Gemisch mit der Sauce darüberlöffeln und Frikassee mit Petersilie bestreut servieren.

Lachs mit grünem Spargel auf Spargelsauce

Für 4 Portionen • Pro Portion: 513 kcal, 37 g E, 39 g F, 4 g KH

500 g grüner Spargel

4 Lachsfilets ohne Haut (à ca. 125 g)

2 EL Zitronensaft

Salz, Pfeffer

500 ml Wasser

2 Schalotten

2 Stängel glatte Petersilie

40 g Parmesan oder Grana Padano

2 EL Olivenöl

150 ml Crème fraîche

schwarzer Pfeffer aus der Mühle

1. Den Spargel, wenn nötig, im unteren Drittel schälen und die holzigen Enden entfernen. Die Köpfchen abschneiden und in den Einlegeboden des Varoma legen. Den restlichen Spargel grob in Stücke schneiden und ins Garkörbchen geben.

2. Die Lachsfilets trocken tupfen, mit 1 EL Zitronensaft beträufeln und mit Salz und Pfeffer würzen. Ein Stück Pergamentpapier so zuschneiden, dass es in den Varoma passt und dabei die seitlichen Schlitze zur Dampfzirkulation frei bleiben. Den Lachs darauflegen.

3. Wasser in den Mixtopf füllen, Garkörbchen einhängen und Varoma mit Einlegeboden aufsetzen. Das Ganze 20 Minuten/Varoma/Garstufe dämpfen.

4. In der Zwischenzeit die Schalotten abziehen und halbieren. Die Petersilie waschen, trocken tupfen und die Blätter von den Stängeln zupfen. Den Käse mit einem scharfen Messer in Blättchen schneiden. (Parmesan-Flakes gibt es auch fertig zu kaufen.)

5. Varoma und Garkörbchen beiseitestellen. Den Mixtopf ausleeren und abtrocknen. Schalotten, Petersilie und Öl in den Mixtopf geben, den Messbecher aufsetzen und alles 5 Sekunden/Stufe 5 zerkleinern. Mit dem Spatel nach unten schieben und 3 Minuten/120 °C/Stufe 1,5 andünsten.

6. Die Spargelstücke aus dem Garkörbchen dazugeben und 35 Sekunden/Stufe 6 pürieren. Zwischendurch mit dem Spatel nach unten schieben. Die Crème fraîche 45 Sekunden/70 °C/Stufe 2 unterrühren und leicht erwärmen. Mit Salz, Pfeffer und dem restlichen Zitronensaft abschmecken.

7. Die Sauce auf 4 Teller verteilen, die Spargelköpfchen, Lachsschnitten und Parmesan-Flakes darauf legen und mit schwarzem Pfeffer bestreut servieren.

Schellfisch mit neuen Kartoffeln und Schafskäse

Für 4 Portionen • Pro Portion: 351 kcal, 35 g E, 15 g F, 18 g KH

400 g Kartoffeln

250 g Brokkoli

Salz

500 ml Wasser

4 Schellfischkoteletts ohne Haut (à ca. 150 g)

Salz

2 EL Zitronensaft

40 g Butter

100 g Schafskäse

grobes Meersalz

schwarzer Pfeffer aus der Mühle

1. Die Kartoffeln waschen und mit einem Kartoffelschwamm putzen oder schälen. Größere Exemplare halbieren. Den Brokkoli waschen und in Röschen teilen. Zuerst die Kartoffeln, dann obenauf den Brokkoli in den Varoma legen.

2. Salzwasser in den Mixtopf füllen, Varoma aufsetzen und alles 15 Minuten/Varoma/Rührstufe garen.

3. Die Fischkoteletts trocken tupfen, salzen und mit Zitronensaft beträufeln. Ein Stück Pergamentpapier so zurechtschneiden, dass es in den Einlegeboden passt. Dabei darauf achten, dass die seitlichen Schlitze zur Dampfzirkulation frei bleiben. Den Fisch darauflegen.

4. Den Einlegeboden auf den Varoma mit den Kartoffeln setzen und alles zusammen weitere 10 Minuten/Varoma/Rührstufe dämpfen.

5. In der Zwischenzeit die Butter in einem kleinen Topf schmelzen. Den Schafskäse in Würfel schneiden.

6. Den Varoma abnehmen, Kartoffeln und Brokkoli auf 4 Teller verteilen, den Schafskäse darüberbröseln und die Schellfischkoteletts darauflegen. Mit Butter beträufeln und mit Meersalz und Pfeffer bestreut servieren.

INFO: Schellfisch ist eng verwandt mit dem Kabeljau und eignet sich besonders gut zum Dämpfen. Man kennt ihn auch unter der Bezeichnung Kochfisch. Er enthält pro 100 g etwa 17 g Eiweiß, aber gerade mal 1 g Fett. Dick punkten kann er mit Kalium, Eisen, Phosphor und Jod.

Herrlich rot: Rhabarber, Erdbeeren und Kirschen

Es ist einfach eine unschlagbare Kombination: der leicht säuerliche Rhabarber mit der milden Süße der Erdbeeren. Dabei machen beide auch solo eine gute Figur! Mit Quark oder Buttermilch hilft das kalorienarme Obst beim Modellieren der Sommerfigur. Aber es lädt auch verführerisch zum Naschen ein: als Kuchen vom Blech oder in kleinen Förmchen, als Creme oder (Achtung, Sommer naht!) schon mal als Eis an den ersten warmen Tagen. Gegen Ende des Frühjahrs kommen bereits Kirschen auf den Markt, dafür haben wir zwei klassische Rezepte für den Thermomix® nutzbar gemacht.

Rhabarber-Erdbeer-Crumble

Für 6 Portionen • Pro Portion: 391 kcal, 5 g E, 19 g F, 48 g KH

400 g Rhabarber
400 g Erdbeeren
½ Bio-Zitrone
70 g brauner Zucker
1 Päckchen Vanillezucker
etwas Fett für die Form
100 g weiche Butter
75 g Weizenmehl (Type 550)
75 g Haferflocken
75 g Zucker
40 g gehackte Haselnüsse

1. Den Backofen auf 180 °C Ober-/Unterhitze (Umluft 160 °C) vorheizen. Den Rhabarber waschen, putzen, in 1 cm dünne Scheiben schneiden. Die Erdbeeren waschen, entstielen und halbieren. Die Zitrone heiß waschen, 1 EL Schale fein abraspeln und die Frucht auspressen.

2. In einer Schüssel Rhabarber und Erdbeeren mit braunem Zucker, Vanillezucker, Zitronenschale und -saft vermischen.

3. 6 feuerfeste Förmchen oder 1 Quicheform (ca. 26 cm Durchmesser) dünn einfetten und das Rhabarber-Erdbeer-Gemisch darin verteilen.

4. Die Butter in den Mixtopf geben und 20 Sekunden/80 °C/Stufe 2 schmelzen. Mehl, Haferflocken und Zucker dazugeben und 30 Sekunden/Stufe 4 vermengen. Die Streuselmasse auf dem Obst verteilen, mit den gehackten Haselnüssen bestreuen und ca. 25 Minuten auf der mittleren Schiene im Ofen goldgelb und knusprig backen. Gleich heiß oder lauwarm in der Form servieren.

TIPP: Rhabarber verträgt sich besonders gut mit Milchprodukten. 1 EL Creme fraîche oder 1 Kugel Sahneeis auf dem Crumble bringen zum Beispiel sonntags oder zum Muttertag ein herrliches Verwöhnaroma.

Rhabarber-Blechkuchen

Für 24 Stück • Pro Stück: 247 kcal, 5 g E, 15 g F, 23 g KH

1 ½ kg Rhabarber

1 Bio-Orange

375 g weiche Butter

30 g Zucker

1 Pck. Vanillezucker

Salz

8 Eier, Größe M

500 g Weizenmehl (Type 550)

1 Pck. Backpulver

100 g Puderzucker

2 EL Zitronensaft

heißes Wasser

1. Rhabarber waschen, gründlich putzen und in 1 cm breite Scheiben schneiden. Die Orange heiß waschen, die Schale dünn abreiben und die Frucht auspressen. Den Backofen auf 200 °C Ober-/Unterhitze (Umluft 180 °C) vorheizen.

2. Butter, Zucker, Vanillezucker, Orangenschale und 1 Prise Salz in den Mixtopf geben, Messbecher aufsetzen und Zutaten 30 Sekunden/Stufe 5 schaumig rühren.

3. Am Gerät 1 Minute/Stufe 3 einstellen und nach und nach die aufgeschlagenen Eier durch die Deckelöffnung zum Teig gleiten lassen. Den Orangensaft, Mehl und Backpulver dazugeben und 20 Sekunden/Stufe 4 kneten.

4. Die Rhabarberstücke 15 Sekunden/Stufe 3 linksdrehend unterrühren. Ein Backblech mit Backpapier auslegen und den Kuchenteig darauf verstreichen. 40 Minuten im vorgeheizten Backofen auf der 2. Schiene von unten goldgelb backen.

5. Puderzucker mit Zitronensaft und etwas heißem Wasser zu einer dünnflüssigen Masse verrühren und den heißen Kuchen sofort damit beträufeln. Etwas abkühlen lassen und lauwarm oder auch kalt genießen.

Rhabarber-Erdbeer-Kuchen

Für 12 Scheiben • Pro Scheibe: 293 kcal, 5 g E, 16 g F, 34 g KH

300 g Rhabarber

300 g Erdbeeren

200 g Weizenmehl (Type 550)

200 g weiche Butter

40 g Haferflocken

75 g Weizenvollkornmehl (Type 1050)

150 g Zucker

1 EL Backpulver

½ TL Salz

1 Ei, Größe M

200 ml Milch

1. Den Rhabarber waschen, putzen und in 1 ½ cm breite Scheiben schneiden. Die Erdbeeren behutsam waschen, entstielen und je nach Größe halbieren oder vierteln. 2 EL vom Weizenmehl vorsichtig mit den Früchten vermischen.

2. Eine Kastenform (ca. 26 x 12 cm) mit Backpapier auslegen, mit 1 EL von der Butter ausstreichen und mit den Haferflocken ausstreuen.

3. Den Backofen auf 200 °C Ober-/Unterhitze vorheizen (für Umluft nicht geeignet).

4. Die restliche Butter in den Mixtopf geben und 30 Sekunden/80 °C/Stufe 3 schmelzen.

5. Das restliche Mehl, Vollkornmehl, Zucker, Backpulver, Salz, Ei und Milch dazugeben, Messbecher aufsetzen und alles in 25 Sekunden/Stufe 4 zu einem Teig verarbeiten.

6. Die Früchte mit dem Spatel unterheben und das Ganze in die vorbereitete Kastenform füllen. Kuchen im vorgeheizten Backofen auf der untersten Schiene 1 Stunde backen (gegen Ende eventuell mit Alufolie abdecken). Anschließend 15 Minuten in der Form abkühlen lassen, dann stürzen und auf einem Kuchengitter vollständig auskühlen lassen.

Rhabarber-Muffins mit Buttermilch

Für 12 Stück • Pro Stück: 183 kcal, 4 g E, 6 g F, 28 g KH

400 g Rhabarber
1 Bio-Orange
75 g weiche Butter
1 Ei, Größe M
125 g Zucker
1 Pck. Vanillezucker
Salz
150 ml Buttermilch
250 g Weizenmehl (Type 550)
½ Pck. Backpulver
etwas Fett für die Form

1. Den Backofen auf 180 °C Ober-/Unterhitze (Umluft 160 °C) vorheizen. Den Rhabarber waschen, putzen und in etwa 1 cm große Würfel schneiden. Die Orange heiß waschen, abtrocknen und die Schale dünn abreiben. Die Frucht auspressen.

2. Orangenschale und -saft, Butter, Ei, Zucker, Vanillezucker, 1 Prise Salz und Buttermilch in den Mixtopf geben, Messbecher aufsetzen und alles 15 Sekunden/Stufe 5 gut verrühren.

3. Mehl und Backpulver dazugeben und weitere 15 Sekunden/Stufe 5 (Messbecher!) zu einem glatten Teig rühren.

4. Die Rhabarberstücke dazugeben und 5 Sekunden/Stufe 3 linksdrehend unterheben. Ein Muffinblech (12 Mulden) dünn einfetten (oder Muffins-Papierförmchen in die Vertiefungen setzen) und den Teig gleichmäßig in den Mulden verteilen.

5. Muffins im vorgeheizten Backofen auf der mittleren Schiene in etwa 25 Minuten goldbraun backen. Vollständig auskühlen lassen und erst dann aus den Formen lösen.

Panna Cotta mit Erdbeerpüree

Für 4 Portionen • Pro Portion: 336 kcal, 4 g E, 27 g F, 18 g KH

1 Vanilleschote
500 ml Sahne
80 g Zucker
4 Blatt weiße Gelatine
200 g Erdbeeren
20 g Pinienkerne

1. Die Vanilleschote längs aufschlitzen und das Mark herauskratzen. Mark mit Sahne und Zucker in den Mixtopf geben und in 6 Minuten/100 °C/Rührstufe zum Kochen bringen. Dann 25 Minuten/80 °C/Stufe 1 weiter simmern lassen.

2. Die Gelatine nach Packungsanleitung in kaltem Wasser einweichen.

3. Die Gelatine etwas ausdrücken und in einem kleinen Topf bei milder Hitze auflösen. 2–3 EL der Sahnemasse dazugeben und gut verrühren. 20 Sekunden/Stufe 3 am Gerät einstellen und die Gelatinemasse nach und nach durch die Deckelöffnung zur Sahne geben.

4. Sahnemischung in Portionsförmchen oder Gläser füllen und zugedeckt im Kühlschrank 5–6 Stunden kalt stellen.

5. Vor dem Servieren die Erdbeeren waschen, gut abtropfen lassen und entstielen. Einige schöne Früchte zum Garnieren beiseitelegen. Den Rest im Mixtopf 10 Sekunden/Stufe 6 pürieren.

6. Die Pinienkerne in einer beschichteten Pfanne ohne Fett goldgelb rösten.

7. Das Beerenpüree auf 4 Tellern verstreichen, die Panna Cotta darauf stürzen und mit den restlichen Beeren und Pinienkernen bestreut servieren.

TIPP: Panna Cotta heißt nichts anderes als »gekochte Sahne«, die Sie zur Abwechslung auch mal mit Gewürzen verfeinern können. Statt der Vanille zum Beispiel 2 Sternanis und 3 Kardamomkapseln mitkochen und wieder entfernen, bevor die Gelatine dazukommt.

Joghurt-Nockerl auf Erdbeerkompott

Für 6 Portionen • Pro Portion: 279 kcal, 7 g E, 11 g F, 32 g KH

---

4 Blatt weiße Gelatine
500 g Joghurt
150 g Crème fraîche
125 g Puderzucker
1 Vanilleschote
750 g Erdbeeren
200 ml Weißwein oder Apfelsaft
1 Zimtstange

---

1. Die Gelatine nach Packungsanleitung in kaltem Wasser einweichen. Joghurt, Crème fraîche und 25 g Puderzucker in den Mixtopf geben. Die Vanilleschote längs aufschlitzen, das Mark herausschaben und in den Mixtopf geben. 5 Sekunden/Stufe 3 verrühren.

2. Die Gelatine etwas ausdrücken und in einem kleinen Topf unter Rühren auflösen, 2–3 EL der Joghurtmasse unterrühren. 10 Sekunden/Stufe 2 am Gerät einstellen und das Gelatine-Gemisch durch die Deckelöffnung dazugießen und unterrühren. Masse in eine Schüssel umfüllen und 3–4 Stunden im Kühlschrank stocken lassen. Mixtopf ausspülen und trocknen.

3. Die Erdbeeren putzen, waschen und die Hälfte davon längs halbieren oder vierteln.

4. Die restlichen Erdbeeren mit Wein (oder Apfelsaft), dem restlichen Zucker, der leeren Vanilleschote und der Zimtstange in den Mixtopf geben und in 7 Minuten/100 °C/Stufe 1,5 aufkochen lassen. Vanilleschote und Zimtstange entfernen und das Ganze 8 Sekunden/Stufe 5 pürieren (Messbecher!). In eine Schüssel umfüllen, abkühlen und im Kühlschrank erkalten lassen.

5. Zum Servieren die Erdbeersauce auf 6 tiefe Teller verteilen und die restlichen Erdbeeren daraufgeben. Mit einem in heißes Wasser getauchten Löffel große Nockerln aus der Joghurtmasse abstechen und obenauf setzen.

TIPP: Minze oder Zitronenmelisse – in Streifen geschnitten – können entweder unter die Erdbeersauce gemischt oder zum Garnieren verwendet werden.

Erdbeeren auf Reiscreme

Für 4 Portionen • Pro Portion: 253 kcal, 4 g E, 2 g F, 52 g KH

Für die Reiscreme:
1 Vanilleschote
500 ml Mandelmilch
50 g Zucker
Salz
100 g Milchreis

Für die Erdbeersauce:
500 g Erdbeeren
½ Bio-Zitrone
4 Kardamomkapseln
1 Muskatblüte (ersatzweise 1 Prise
**   frisch geriebene Muskatnuss)**
4 EL Sirup (z. B. Holunderblütensirup)

1. Die Vanilleschote längs aufschlitzen und das Mark herauskratzen.
2. Vanillemark, Mandelmilch und Zucker mit 1 Prise Salz in den Mixtopf geben und in 6 Minuten/100 °C/Stufe 1 aufkochen.
3. Den gewaschenen Reis dazugeben und 20 Minuten/65 °C/Stufe 0,5 quellen lassen. Anschließend 6–10 Sekunden/Stufe 6 leicht pürieren. In 4 Gläser füllen und nach Belieben im Kühlschrank kalt stellen oder zum Servieren noch lauwarm lassen. Den Mixtopf spülen.
4. Erdbeeren behutsam waschen, putzen und vierteln. Die Zitronenhälfte waschen und 1 EL Schale fein abraspeln.

5. Die Kardamomsamen aus den Kapseln lösen und zusammen mit der Muskatblüte in den Mixtopf geben. Messbecher aufsetzen und beides 10 Sekunden/
Stufe 8 zerkleinern.

6. Sirup, Zitronenschale und die Hälfte der Erdbeeren dazugeben und 10 Sekunden/
Stufe 4 linksdrehend vermischen. In eine Schüssel umfüllen und 15 Minuten
oder länger durchziehen lassen.

7. Die Sauce auf der Reiscreme verteilen und die restlichen Erdbeeren obenauf
setzen.

Buttermilch-Mousse mit Erdbeeren

Für 4 Portionen • Pro Portion: 209 kcal, 8 g E, 6 g F, 30 g KH

4 Blatt weiße Gelatine
6 Löffelbiskuits (ca. 50 g)
1 Vanilleschote
50 g Zucker
400 ml Buttermilch
60 ml Sahne
200 g Erdbeeren (oder andere Beeren)
Minzeblätter nach Belieben

1. Die Gelatine nach Packungsanleitung in kaltem Wasser einweichen.

2. Die Löffelbiskuits in den Mixtopf geben, Messbecher aufsetzen und Biskuits 3 Sekunden/Stufe 4 zerkleinern. (Alternativ können Sie die Biskuits auch mit den Händen zerbröseln.) In 4 Gläser umfüllen. Den Mixtopf nicht säubern.

3. Die Vanilleschote längs aufschlitzen und das Mark herauskratzen. Zucker mit Vanillemark in den Mixtopf geben, Messbecher aufsetzen und Zucker in 20 Sekunden/Stufe 10 zu Vanillezucker mahlen.

4. Buttermilch und Sahne dazugeben und 4 Sekunden/Stufe 3 vermischen. Die Gelatine etwas ausdrücken und bei milder Hitze in einem kleinen Topf auflösen, mit 2 EL der Buttermilchsahne verrühren. 20 Sekunden/Stufe 3 am Gerät einstellen und die Gelatinemasse durch die Deckelöffnung dazugeben und verrühren.

5. Die Erdbeeren waschen und putzen. 4 schöne Exemplare zum Garnieren halbieren, die restlichen grob zerschneiden.

6. Abwechselnd Buttermilchsahne und Erdbeeren in die Gläser füllen und Mousse 2 Stunden im Kühlschrank stocken lassen.

7. Vor dem Servieren die restlichen Erdbeeren auf der Buttermilch-Mousse verteilen und diese nach Belieben mit Minzeblättchen garniert servieren.

Erdbeer-Eis

Für 6 Portionen • Pro Portion: 149 kcal, 1 g E, 5 g F, 23 g KH

600 g reife Erdbeeren
100 g Sahne
100 g Zucker
Minzeblättchen nach Belieben

1. Die Erdbeeren waschen, entstielen und putzen. 500 g Beeren flach ausgebreitet auf einem Tablett oder Gefrierbeutel 3 Stunden im Tiefkühler gefrieren lassen. Die Sahne für 1 Stunde in den Gefrierschrank stellen.

2. Zucker in den Mixtopf geben, Messbecher aufsetzen und Zucker 10 Sekunden/Stufe 10 pulverisieren. Die gefrorenen Beeren dazugeben und 10 Sekunden/Stufe 7 zerkleinern.

3. Die Früchte mit dem Spatel an den Topfrand schieben, den Schmetterling einsetzen, die Sahne dazugießen und das Ganze 25 Sekunden/Stufe 4 cremig rühren. Eis auf Schalen oder Gläser verteilen und mit den restlichen Beeren und Minzeblättern garniert sofort servieren.

TIPP: **Eis im Thermomix® gelingt besonders gut, wenn Sie auch den Mixtopf vor der Zubereitung im Gefrierschrank eiskalt werden lassen.**

Quarkcreme mit Rhabarberkompott

Für 4 Portionen • Pro Portion: 172 kcal, 11 g E, 5 g F, 20 g KH

400 g Rhabarber

½ Vanilleschote

2 Gewürznelken

30 g Zucker

50 ml Wasser

1 TL Gelierpulver (z. B. Agar Agar oder Guarkernmehl)

400 g Quark (20 % Fett)

1 Pck. Vanillezucker

30 g Puderzucker

abgeriebene Schale ½ Bio-Zitrone

1 Stängel frische Minze nach Belieben

1. Rhabarber putzen, waschen und schräg in 3 cm lange Stücke schneiden. Die Vanilleschote aufschlitzen und das Mark herauskratzen.

2. Rhabarber, Vanillemark, Gewürznelken, Zucker und Wasser in den Mixtopf geben und 6 Minuten/100 °C/Stufe 1,5 linksdrehend zum Kochen bringen.

3. Das Gelierpulver nach Packungsanleitung anrühren, mit dem Spatel unterheben und das Kompott nochmals 1 Minute/100 °C/Stufe 1 linksdrehend aufkochen lassen.

4. In eine Schüssel umfüllen, die Gewürznelken entfernen und das Kompott abkühlen lassen. Den Mixtopf spülen.

5. Quark, Vanillezucker, Puderzucker und Zitronenschale in den Mixtopf geben und 20 Sekunden/Stufe 2 verrühren. Etwas von der Masse zum Garnieren beiseitestellen, den Rest in 4 Schalen füllen und kalt stellen.

6. Die Minze waschen, trocken schütteln und die Blätter von den Stängeln zupfen.
7. Das Rhabarberkompott in die Gläser auf die Quarkcreme geben. Mit einem Löffel oder einer Spritztülle die restliche Creme auftupfen und die Minzeblätter als Garnierung verwenden.

TIPP: Dekorativ und lecker auf dem Dessert ist Baiser-Gebäck, das Sie in Supermärkten und Süßwarengeschäften bekommen.

Rhabarber-Sahne-Eis

Für 8 Portionen • Pro Portion: 240 kcal, 2 g E, 19 g F, 14 g KH

500 ml gekühlte Schlagsahne

20 g Puderzucker

50 g Baisertuffs oder Amarettini

500 g Rhabarber

75 ml Wasser

30 g Zucker

1. Den Schmetterling einsetzen. Die Schlagsahne mit dem Puderzucker in den Mixtopf geben und auf Stufe 3 steif schlagen. Das dauert je nach Hersteller unterschiedlich lang. Daher durch die Deckelöffnung beobachten, wann die Sahne steif ist. Sahne in eine Schüssel umfüllen und kalt stellen.

2. Die Baisers in den Mixtopf geben und 3 Sekunden/Stufe 4 zerkleinern. In eine Schüssel umfüllen und beiseitestellen. Der Mixtopf muss nicht gespült werden.

3. Den Rhabarber waschen, putzen und grob zerschneiden. In den Mixtopf geben und 3 Sekunden/Stufe 5 zerkleinern. Mit Wasser und Zucker 15 Minuten/100 °C/Stufe 1 kochen lassen, bis der Rhabarber vollständig zerfallen ist.

4. Rhabarber in ein gefrierstabiles Gefäß (z. B. eine Kuchen-Kastenform) umfüllen und abkühlen lassen. Sahne und Baiserkrümel unterheben und Masse 3–4 Stunden ins Tiefkühlfach geben.

5. Wenn möglich ab und zu umrühren, ansonsten 15 Minuten vor dem Servieren aus dem Gefrierfach nehmen, leicht antauen lassen, mit einem scharfen Messer zerhacken und im Mixtopf 5 Sekunden/Stufe 7 cremig rühren.

Erdbeertorte ohne Backen

Für 10 Portionen • Pro Portion: 311 kcal, 8 g E, 22 g F, 20 g KH

200 g Vitalgebäck oder Haferflockenkekse

100 g Butter

1 Vanilleschote

75 g Zucker

300 g Frischkäse

300 g Magerquark

400 g Erdbeeren

1. Die Kekse in den Mixtopf geben, Messbecher aufsetzen, Kekse 10 Sekunden/ Stufe 8 zerkleinern und in eine Schüssel umfüllen.

2. Die Butter in den Mixtopf geben und 3 Minuten/80 °C/Stufe 2 schmelzen. Die Keksbrösel zur Butter geben und 8 Sekunden/Stufe 3 unterrühren. Die Masse in eine Backform (ca. 26 cm Durchmesser) drücken und 15 Minuten im Gefrierfach kalt stellen. Den Mixtopf nicht spülen.

3. Die Vanilleschote längs aufschlitzen und das Mark herauskratzen. Mark mit dem Zucker in den Mixtopf geben, Messbecher aufsetzen und Zucker in 20 Sekunden/Stufe 10 zu Vanillezucker mahlen.

4. Frischkäse und Quark dazugeben und 10 Sekunden/Stufe 3 verrühren. Masse auf dem Keksboden verteilen und weitere 15 Minuten im Gefrierfach kalt stellen.

5. Die Erdbeeren waschen, gut abtropfen lassen, entstielen und vor dem Servieren auf dem Kuchen verteilen.

183

Tiramisu mit Erdbeeren

Für 8 Portionen • Pro Portion: 430 kcal, 6 g E, 31 g F, 32 g KH

500 g Erdbeeren
1 Orange
½ Vanilleschote
200 ml Sahne
50 g weiße Schokolade
400 g Mascarpone
50 g Zucker
1 EL Zitronensaft
18 Löffelbiskuits (ca. 150 g)
Puderzucker nach Belieben

1. Die Erdbeeren behutsam waschen und putzen. Die Orange auspressen – das soll etwa 100 ml Saft ergeben. Die Vanilleschote längs aufschlitzen und das Mark herauskratzen.

2. Die Sahne in den Mixtopf geben, den Rühraufsatz einsetzen und Sahne auf Stufe 3 steif schlagen. Das dauert je nach Hersteller unterschiedlich lang. Daher durch die Deckelöffnung beobachten, wann die Sahne steif ist. In eine Schüssel umfüllen und kalt stellen. Den Mixtopf spülen.

3. 200 g Erdbeeren mit dem Orangensaft in den Mixtopf geben, Messbecher aufsetzen und Erdbeeren 10 Sekunden/Stufe 6 pürieren. In eine Schüssel umfüllen und beiseitestellen. Den Mixtopf spülen und abtrocknen.

4. Die Schokolade grob zerhacken und im Mixtopf (Messbecher!) 8 Sekunden/Stufe 7 zerkleinern. Mascarpone, Zucker, Zitronensaft, Vanillemark und Sahne dazugeben und 15 Sekunden/Stufe 3 vermischen.

5. Eine Auflaufform oder Schüssel mit ca. 1 l Fassungsvermögen mit der Hälfte der Löffelbiskuits auslegen und die Hälfte des Erdbeerpürees daraufgeben. Die Hälfte der Mascarponecreme darauf verstreichen. Die restlichen Biskuits darüber verteilen, wieder Erdbeerpüree daraufgeben und die restliche Creme obenauf glatt streichen.

6. Tiramisu zugedeckt im Kühlschrank 2–3 Stunden kalt stellen.
7. Vor dem Servieren die restlichen Erdbeeren in Scheiben schneiden und auf dem Tiramisu verteilen. Nach Belieben mit Puderzucker bestreut servieren.

Clafoutis

Für 6 Portionen • Pro Portion: 253 kcal, 7 g E, 14 g F, 24 g KH

40 g ganze, ungeschälte Haselnüsse

3 Eier, Größe M

150 ml Milch

100 ml Crème fraîche

40 g Zucker

75 g Weizenmehl (Type 550)

10 g weiche Butter für die Form

250 g Kirschen oder anderes
   Obst nach Belieben

Puderzucker zum Bestreuen

1. Den Backofen auf 180 °C Ober-/Unterhitze (Umluft 160 °C) vorheizen. Die Haselnüsse in den Mixtopf geben, Messbecher aufsetzen und Nüsse 10 Sekunden/ Stufe 7 zerkleinern.

2. Eier, Milch, Crème fraîche, Zucker und Mehl dazugeben und 20 Sekunden/Stufe 5 vermischen.

3. Eine Auflaufform (ca. 26 cm Durchmesser) sorgfältig einfetten und den Teig hineingießen.

4. Die Kirschen waschen, halbieren, entsteinen und auf dem Teig verteilen.

5. Clafoutis im vorgeheizten Backofen auf der 2. Schiene von unten in 40–45 Minuten goldgelb backen.

6. Mit Puderzucker bestäuben und heiß oder lauwarm servieren.

TIPP: Ein interessantes Aroma bringt frische Minze: Einige gewaschene Blätter in der Backform verteilen, dann erst den Teig einfüllen.

INFO: Clafoutis, ein Mittelding zwischen Kuchen und Auflauf, wird klassisch mit Kirschen zubereitet. Man schneidet keine Tortenstücke heraus, sondern nimmt mit einem Löffel so viel, wie man möchte.

Pavlova mit Kirschen

Für 8 Portionen • Pro Portion: 260 kcal, 3 g E, 8 g F, 42 g KH

Für die Pavlova:

4 Eiweiße, Größe M

Salz

200 g Puderzucker

1 EL Apfelessig

1 TL Speisestärke

Für den Kirschenbelag:

200 ml eiskalte Schlagsahne

500 g Kirschen

1 Vanilleschote

50 g Zucker

100 ml Weißwein oder Kirschsaft

2 TL Speisestärke

1. Den Backofen auf 100 °C Ober-/Unterhitze (Umluft 80 °C) vorheizen. Den Rühraufsatz in den supersauberen Mixtopf setzen, die Eiweiße mit 1 Prise Salz hineingeben und 5 Minuten/37 °C/Stufe 4 zu einem steifen Schnee schlagen.

2. 7 Minuten/Stufe 3 am Gerät einstellen, den Puderzucker durch die Deckelöffnung einrieseln lassen, dann Apfelessig und Speisestärke dazugeben und Eiweiß sehr steif schlagen.

3. Ein Backblech mit Backpapier belegen und aus dem Eischnee eine Torte von etwa 25 cm Durchmesser formen (alternativ 6 kleinere Pavlovas) und mit einer Kelle eine Mulde in die Mitte drücken.

4. Blech auf die 2. Schiene von unten in den Ofen schieben und Eiweißmasse 2 Stunden trocknen lassen, dabei die Backofentür einen kleinen Spalt (Kochlöffel einklemmen) offen lassen.

5. Für den Belag die Sahne im Mixtopf mit dem Rühraufsatz/Stufe 3 steif schlagen. Dabei durch die Deckelöffnung beobachten, wann die Sahne steif ist. In eine Schüssel umfüllen und kühl stellen. Den Mixtopf spülen.

6. Die Kirschen waschen und gut abtropfen lassen. Etwa die Hälfte der besonders schönen Kirschen beiseitestellen. Die restlichen Früchte entstielen und entkernen. Die Vanilleschote aufschlitzen und das Mark herauskratzen.

7. Entkernte Kirschen, Vanillemark, Zucker und Weißwein in den Mixtopf geben und in 7 Minuten/100 °C/Stufe 1,5 aufkochen lassen. Die Stärke mit ein wenig Wasser glatt rühren. 2 Minuten/100 °C/Stufe 2 am Gerät einstellen und die Stärke nach und nach durch die Deckelöffnung zum Kompott geben. Anschließend alles 5 Sekunden/Stufe 6 leicht pürieren. In eine Schüssel umfüllen und kalt stellen.

8. Die ausgekühlte Pavlova auf einen Teller geben, die Schlagsahne in die Mulde füllen, das Kirschenkompott darüberlöffeln und die ganzen Kirschen zum Garnieren verwenden.

Frühlings-Detox

Gönnen Sie Ihrem Körper nach den schweren, dunklen Wintertagen eine kleine Reinigungs- und Erfrischungskur. Weg mit Wintermief, Winterspeck und der Frühjahrsmüdigkeit! Eine jährliche Grundreinigung entlastet die Leber, spült die Nieren durch und putzt den Darm. Ballast abzuwerfen und nicht zuletzt im Winter angesammelten Speck loszuwerden gelingt bestens mit einer sanften Entgiftung (»Detox«).

Nicht von ungefähr fällt die christliche Fastenzeit in den Umbruch der Jahreszeiten. Ein paar Tage gemäßigtes Heilfasten, aber auch einfach 2–3 Tage Obst- und Gemüsefasten entschlacken und bringen frische Energie. Der Verzicht auf schweres Essen und die Stimmungsmacher Schokolade, Alkohol und Nikotin ist für viele Menschen bereits zu einer Fastenzeit-Routine geworden.

So eine Frühjahrskur tut der Seele gut, genauso wie ein klassischer Frühjahrsputz und kräftiges Durchlüften. Die milde Frühlingsluft tief einatmen, sich über das zarte Grün freuen, die Vögel wieder zwitschern hören – das bläst die Trägheit weg und weckt neuen Unternehmungsgeist. Wenn die Sonne die Energietanks füllt, wird wieder mehr Vitamin D produziert – das vertreibt trübe Gedanken und bleierne Müdigkeit.

Die Zeit ist auch günstig für einen »Frühjahrsputz« bei den Lebensmittel-Vorräten: weg mit den Süßigkeiten und restlichen Weihnachtskeksen, her mit Gemüse, Obst und leichten Suppen! Denn endlich gibt es wieder frisches, knackiges Gemüse aus heimischem Anbau, das voller Vitamine und Geschmack steckt. Die Wurzelgemüse Spargel und Möhren haben jetzt Saison, Blattgemüse wie Spinat, Mangold und Kopfsalat sprießen und versorgen Sie mit Antioxidantien und guter Laune.

Besonders das grüne Gemüse punktet mit antioxidativen Vitalstoffen und aktiviert Enzyme zur Entgiftung. Die enthaltenen Ballaststoffe bringen die Verdauung auf Trab, viel Flüssigkeit bei der Verarbeitung zu Smoothies und Suppen hilft zudem, Unnötiges aus dem Körper zu schwemmen.

Rezepte für leichte Frühlingssuppen finden Sie ab Seite 78. Sie können sie gut auf Vorrat zubereiten und auch mitnehmen (deshalb immer für 4 Portionen berechnet). Bei Bedarf noch etwas verdünnt, werden aus Suppen ganz schnell wunderbare Drinks. Auf den folgenden Seiten sind außerdem einige Smoothies als Detox-Booster zusammengestellt.

Ersetzen Sie für 1–3 Tage jeweils 2 Mahlzeiten täglich durch einen Smoothie oder eine Suppe – das ist der schnellste Weg, um den Organismus zu entlasten und dennoch mit allen wichtigen Nährstoffen zu versorgen. Und wenn Sie Ihren Körper mal von den angesammelten Giften befreit haben, klappt es bis zum Sommer auch mit der Bikinifigur!

Mandeldrink mit Spinat und Erdbeeren

Für 4 Portionen • Pro Portion: 105 kcal, 3 g E, 9 g F, 3 g KH

250 g frischer Babyspinat
200 g Erdbeeren
500 ml ungesüßter Mandeldrink
2 EL Leinöl
1 TL Kurkuma
schwarzer Pfeffer aus der Mühle
stilles Wasser und Eiswürfel nach Belieben

1. Den Spinat waschen und verlesen. Die Erdbeeren waschen und putzen.

2. Alle Zutaten in den Mixtopf geben und mit aufgesetztem Messbecher 40 Sekunden/Stufe 7 fein pürieren. Nach Belieben mit etwas Wasser verdünnen oder mit 6–7 Eiswürfeln cremig aufschlagen.

Babyspinat mit Orangensaft und Mandeldrink

Für 4 Portionen (ca. 250 ml) • Pro Portion: 51 kcal, 3 g E, 1 g F, 7 g KH

250 g frischer Babyspinat

2 Orangen

1 Stängel frische Minze

200 ml ungesüßter Mandeldrink

300 ml stilles Wasser

1 TL Kurkuma

1 Prise schwarzer Pfeffer

5–6 Eiswürfel

**Wasser zum Verdünnen
nach Belieben**

1. Den Spinat waschen und verlesen. Die Orangen auspressen – das sollte etwa 300 ml Saft ergeben. Die Minze waschen, gut trocken schütteln und die Blätter vom Stiel zupfen.

2. Alle Zutaten in den Mixtopf füllen und mit aufgesetztem Messbecher in 40 Sekunden/Stufe 7 zu einem cremigen Drink aufschlagen. Bei Bedarf noch etwas Wasser oder Mandelmilch dazugeben.

INFO: Kurkuma gilt als DIE Entgiftungs-Geheimwaffe. Ihre entzündungshemmenden Inhaltsstoffe werden optimal aufgenommen, wenn eine Prise schwarzer Pfeffer dazukommt.

TIPP: Besonders cremig werden Smoothies, wenn einige Eiswürfel mitgemixt werden.

Radieschen-Smoothie mit Kresse

Für 4 Portionen • Pro Portion: 97 kcal, 9 g E, 1 g F, 11 g KH

1 Bund Radieschen (ca. 200 g, geputzt gewogen)
2 Kästchen Gartenkresse
800 ml Buttermilch
Salz

1. Radieschen waschen und putzen. Kresse unter fließendem Wasser abspülen und gut trocken schütteln. Blättchen abschneiden und einige davon zum Garnieren beiseitelegen.

2. Radieschen in den Mixtopf geben, Messbecher einsetzen, Radieschen 5 Sekunden/Stufe 6 zerkleinern und mit dem Spatel nach unten schieben. Buttermilch und Kresse dazugeben und 25 Sekunden/Stufe 5–8 ansteigend pürieren. Mit Salz pikant abschmecken.

3. Zum Servieren Smoothie in Gläser füllen und mit einigen Kresseblättchen garnieren.

Feldsalat-Smoothie mit Bärlauch

Für 4 Portionen • Pro Portion: 64 kcal, 5 g E, 1 g F, 7 g KH

200 g Feldsalat
30 g Bärlauch
1 Salatgurke
½ Zitrone
400 ml Buttermilch
Salz, Pfeffer
stilles Mineralwasser
**   nach Belieben**

1. Feldsalat und Bärlauch waschen, trocken schleudern, putzen und verlesen. Die Gurke waschen, längs halbieren und die Kerne mit einem Löffel herausschaben. Das Fruchtfleisch grob zerschneiden. Die halbe Zitrone auspressen.

2. Alle vorbereiteten Zutaten mit der Buttermilch in den Mixtopf geben und mit aufgesetztem Messbecher 40 Sekunden/Stufe 7 pürieren. Mit Salz und Pfeffer abschmecken.

3. Smoothie in Gläser füllen und nach Belieben mit Mineralwasser verdünnen.

Chicorée-Smoothie mit Basilikum und Limettensaft

Für 4 Portionen • Pro Portion: 55 kcal, 5 g E, 2 g F, 3 g KH

3 Stauden Chicorée (ca. 300 g, geputzt gewogen)
5 Stängel Basilikum
2 Bio-Limetten oder Bio-Zitronen
400 ml Sojadrink natur
Salz, Pfeffer
stilles Wasser nach Belieben

1. Chicorée jeweils halbieren, den harten, bitteren Strunk herausschneiden und die Blätter grob hacken. Basilikum waschen und gut trocken schütteln. Die Blätter von den Stängeln zupfen und einige davon zum Garnieren beiseitelegen. Die Limetten heiß waschen, 2 TL Schale fein abraspeln und die Früchte auspressen.

2. Die vorbereiteten Zutaten mit der Sojamilch in den Mixtopf geben, Messbecher aufsetzen und alles 25 Sekunden/Stufe 7 zu einem Smoothie mixen.

3. Mit Salz und Pfeffer abschmecken und nach Belieben mit Wasser verdünnen.

TIPP: Chicorée wirkt durch seine Bitterstoffe besonders gut beim Entgiften. Das gilt auch für Radicchio, mit dem Sie diesen Smoothie ebenfalls zubereiten können.

Spitzkohl-Erdbeer-Smoothie

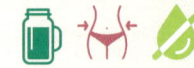

Für 4 Portionen • Pro Portion: 71 kcal, 3 g E, 3 g F, 6 g KH

3–4 Blätter Spitz- oder Chinakohl (ca. 200 g)
1 Stück Ingwer (hasel- oder walnussgroß nach Belieben)
200 g Erdbeeren
400 ml stilles Wasser
1 EL Chiasamen
200 ml Kefir (1,5 % Fett)

---

1. Die Spitzkohlblätter unter fließendem Wasser gründlich waschen und die harten Rispen entfernen. Die Blätter grob hacken. Den Ingwer schälen und klein schneiden. Die Erdbeeren waschen, putzen und halbieren.

2. Ingwer in den Mixtopf geben, Messbecher aufsetzen und Ingwer 5 Sekunden/Stufe 5 zerkleinern. Mit dem Spatel nach unten schieben und den Vorgang wiederholen. Spitzkohl, Erdbeeren und Wasser dazugeben und 30 Sekunden/Stufe 7 fein pürieren.

3. Chiasamen und Kefir 5 Sekunden/Stufe 3 einrühren.

4. Smoothie auf Gläser verteilen oder zum Mitnehmen in gut verschließbare Schraubgläser oder -flaschen füllen.

INFO: Chiasamen sind kleine Wunderperlen, die bei der Entgiftung des Körpers eine große Rolle spielen können. Das Superfood enthält hochwertige Proteine, wertvolle Omega-3-Fettsäuren sowie Antioxidantien, viel Kalzium, Eisen, Zink, Magnesium und Selen. Die unscheinbaren dunklen oder hellen Kügelchen galten schon bei den Mayas als Heilmittel.
In Flüssigkeit quellen sie zu einer Art Gelee auf und sind so auch eine gesunde Alternative zu Gelierzucker in der Marmeladenküche. Die Samen passen aber auch gut über einen Salat, in Puddings, Müslis und Smoothies. Wenn Sie viel Wasser dazu trinken, quellen sie im Magen-Darm-Trakt auf und machen lange satt.

Kresse-Gurken-Smoothie

Für 4 Portionen • Pro Portion: 65 kcal, 5 g E, 2 g F, 6 g KH

2 Kästchen Kresse
1 Salatgurke
4 Stängel Zitronenmelisse
400 ml Sojamilch
Salz, Pfeffer
stilles Wasser zum Verdünnen nach Belieben

1. Die Kresse unter fließendem Wasser spülen, gut trocken schütteln und die Blättchen mitsamt den Stängeln abschneiden. Die Gurke schälen, längs halbieren, die Kerne mit einem Löffel herauskratzen und das Fruchtfleisch grob zerschneiden. Die Zitronenmelisse waschen, trocken schütteln und die Blättchen von den Stängeln zupfen. Einige Blättchen zum Garnieren beiseitelegen.

2. Alle vorbereiteten Zutaten mit der Sojamilch in den Mixtopf geben und mit aufgesetztem Messbecher 25 Sekunden/Stufe 7 fein pürieren. Mit Salz und Pfeffer abschmecken und nach Belieben mit etwas Wasser verdünnen. Zum Servieren mit Zitronenmelisse garnieren.

TIPP: Statt Kresse können Sie für den Drink auch ca. 50 g gewaschenen und geputzten Feldsalat verwenden.

Smoothie mit grünem Spargel

Für 4 Portionen • Pro Portion: 72 kcal, 4 g E, 1 g F, 12 g KH

250 g grüner Spargel
200 g Rucola oder Feldsalat
50 g Soft-Aprikosen
150 g Joghurt (1,5 % Fett)
Salz, Pfeffer
stilles Mineralwasser
** nach Belieben**

1. Den Spargel waschen, das untere Drittel schälen und die holzigen Enden abschneiden. Stangen grob zerschneiden. Rucola waschen, putzen und verlesen. Die Aprikosen grob zerteilen.

2. Die vorbereiteten Zutaten mit dem Joghurt in den Mixtopf füllen und mit aufgesetztem Messbecher 60 Sekunden/Stufe 8 pürieren. Smoothie mit Salz und Pfeffer abschmecken und mit Wasser zur gewünschten Konsistenz verdünnen.

Variante mit weißem Spargel

Für 4 Portionen • Pro Portion: 98 kcal, 2 g E, 0 g F, 19 g KH

4 Stangen weißer Spargel (ca. 250 g)

300 g Erdbeeren

1 Limette

1 Vanilleschote

1 EL Honig

400 ml naturtrüber Apfelsaft

1–2 Prisen Salz

schwarzer Pfeffer

stilles Mineralwasser nach Belieben

1. Den Spargel waschen und großzügig schälen. Holzige Enden abschneiden und die Stangen grob zerschneiden. Die Erdbeeren waschen und entstielen. Die Limette auspressen. Die Vanilleschote längs aufschlitzen und das Mark herausschaben.
2. Die vorbereiteten Zutaten mit Honig und Apfelsaft in den Mixtopf geben und mit aufgesetztem Messbecher 60 Sekunden/Stufe 9 pürieren.
3. Smoothie mit etwas Salz und Pfeffer abschmecken und nach Belieben verdünnen.

INFO: Spargel ist nicht nur kalorienarm und entwässernd. Er bewirkt auch eine Erhöhung des körpereigenen Glutathions, das sozusagen als selbst hergestelltes Antioxidans die Leber bei ihrer Entgiftungstätigkeit unterstützt. Aphrodisierend wirkt Spargel zudem – besonders in Kombination mit Basilikum, Mandeln und Avocados. Sie können ja mal einen Smoothie mit diesen Zutaten ausprobieren.

Mangold-Orangen-Smoothie

Für 4 Portionen • Pro Portion: 85 kcal, 3 g E , 0 g F, 17 g KH

6–8 Blätter Mangold (etwa 300 g, geputzt gewogen)

2 Orangen

1 Stück Ingwer (etwa walnussgroß)

4 Stängel Basilikum

1 TL Kurkuma

1 Prise schwarzer Pfeffer

Salz

stilles Wasser nach Belieben

1. Die Mangoldblätter waschen und trocken schütteln. Wenn bei äußeren Blättern der Stiel sehr hart ist, trennen Sie ihn keilförmig heraus. Die Orangen auspressen. Den Ingwer schälen und klein schneiden. Basilikum waschen, trocken schütteln und die Blätter von den Stängeln zupfen.

2. Ingwer in den Mixtopf geben, Messbecher aufsetzen und Ingwer 5 Sekunden/Stufe 5 zerkleinern. Mit dem Spatel nach unten schieben und den Vorgang wiederholen.

3. Mangold, Orangensaft, Basilikum, Kurkuma und Pfeffer dazugeben und 30 Sekunden/Stufe 7 pürieren. Smoothie mit etwas Salz abschmecken und nach Belieben mit stillem Wasser verdünnen.

Erdbeer-Mandel-Drink

Für 4 Portionen • Pro Portion: 86 kcal, 6 g E, 11 g F, 16 g KH

500 g Erdbeeren
½ Zitrone
50 g gemahlene Mandeln
400 ml Mandeldrink
stilles Wasser nach Belieben
2 EL Chiasamen

1. Die Erdbeeren waschen, abtropfen lassen und die Stiele entfernen. Die Zitrone auspressen.

2. Alle Zutaten (ohne Chiasamen) in den Mixtopf geben und 25 Sekunden/Stufe 7 pürieren.

3. Smoothie nach Belieben mit Wasser verdünnen, auf Gläser verteilen und mit Chiasamen bestreut servieren.

TIPP: Wer Ingwer mag, kann ein walnussgroßes Stück schälen, klein schneiden, als ersten Arbeitsgang 2 x 5 Sekunden/Stufe 5 zerkleinern und im Smoothie mitverarbeiten.

Spinat-Apfel-Smoothie

Für 4 Portionen • Pro Portion: 77 kcal, 3 g E, 1 g F, 13 g KH

200 g Babyspinat
200 g Staudensellerie
1 grüner Apfel
½ Limette
1 kleine Banane
100 ml Joghurt
5 Eiswürfel
200 ml oder mehr stilles
  Mineralwasser
Salz

1. Den Spinat waschen, abtropfen lassen und verlesen. Staudensellerie putzen, wenn nötig dünn abschälen und grob zerschneiden. Den Apfel waschen, vierteln, Kerngehäuse entfernen und Fruchtfleisch grob zerschneiden. Die halbe Limette auspressen, die Banane schälen.

2. Alle Zutaten in den Mixtopf geben und mit aufgesetztem Messbecher 40 Sekunden/Stufe 10 fein pürieren. Smoothie nach Belieben mit mehr Mineralwasser verdünnen, mit Salz abschmecken und auf 4 Gläser verteilen.

TIPP: Spinat und vor allem die Banane mögen es auch gern indisch. Mixen Sie dazu 1 TL Madras-Currypulver in Ihren Smoothie.

Apfel-Brokkoli-Smoothie

Für 4 Portionen • Pro Portion: 50 kcal, 2 g E, 0 g F, 9 g KH

150 g Brokkoli-Röschen

2 kleine säuerliche Äpfel

½ Salatgurke oder ganze Gartengurke

50 g grüne Salat- oder Spinatblätter

400 ml stilles Mineralwasser

5–6 Eiswürfel nach Belieben

Salz, Pfeffer

1. Brokkoliröschen waschen und grob zerteilen. Die Äpfel waschen (sie werden mit der Schale verwendet), vierteln und die Kerngehäuse entfernen. Die Gurke waschen, 4 Scheiben zum Garnieren abschneiden und beiseitelegen, den Rest grob zerschneiden. Den Salat waschen und gut abtropfen lassen.

2. Alle vorbereiteten Zutaten mit dem Mineralwasser und nach Belieben den Eiswürfeln in den Mixtopf geben, Messbecher aufsetzen und alles 40 Sekunden/ Stufe 7–10 ansteigend fein pürieren.

3. Smoothie mit Salz und Pfeffer abschmecken und eventuell mit mehr Mineralwasser verdünnen. In 4 Gläser füllen und mit den Gurkenscheiben garniert servieren.

Rhabarber-Erdbeer-Drink

Für 4 Portionen • Pro Portion: 78 kcal, 3 g E, 2 g F, 11 g KH

2 Stangen Rhabarber (ca. 300 g, geputzt gewogen)
1 Vanilleschote
200 ml Wasser
300 g Erdbeeren
300 g Joghurt
1 EL Honig
8 Eiswürfel
stilles Mineralwasser und mehr Eiswürfel nach Belieben

1. Rhabarber schälen, putzen und grob zerschneiden. Die Vanilleschote längs aufschlitzen und das Mark herausschaben.

2. Rhabarber, Vanillemark und Wasser in den Mixtopf geben und 10 Minuten/100 °C/Stufe 1 kochen lassen. Abkühlen lassen.

3. In der Zwischenzeit die Erdbeeren waschen und entstielen.

4. Joghurt, Erdbeeren, Honig und Eiswürfel zum Rhabarber geben und 50 Sekunden/Stufe 8 pürieren.

5. Smoothie nach Belieben mit Mineralwasser verdünnen und mit zusätzlichen Eiswürfeln servieren.

INFO: Rhabarber sollte wegen der enthaltenen Oxalsäure nicht roh gegessen werden. (Außer mit viel Zucker, was aber dem Detox-Gedanken widerspricht.) Auch für blanchierten Rhabarber gilt: Zusammen mit Milchprodukten verbindet sich die Oxalsäure mit dem Kalzium und wird wieder ausgeschieden, ohne Schaden anzurichten.

Zutatenregister

Bildnachweis